ALEXANDER RAHR

ANMAẞUNG

Wie DEUTSCHLAND sein Ansehen bei den RUSSEN verspielt

DAS NEUE BERLIN

Inhalt

Vorwort

von Gabriele Krone-Schmalz

Es sollte uns interessieren, was Russen von Deutschen halten und was sie über Deutschland denken. Warum? Weil Russland mehr ist als eine »zusammengekrachte Supermacht« und weil *eigentlich* jeder – ganz gleich welcher Ideologie er sich verbunden fühlt – wissen müsste, dass das Wohlergehen Europas von einem guten, zumindest auskömmlichen Verhältnis zwischen Deutschland und Russland abhängt. Die Erfahrung zeigt, dass Staaten immer dann besonders gut miteinander auskommen, wenn sie aufeinander angewiesen sind und – nicht zu unterschätzen – wenn diejenigen, die es miteinander zu tun haben, sich gegenseitig vertrauen. Man kann nicht oft genug wiederholen, welch großen Anteil die von Grundvertrauen geprägte personelle politische Konstellation an der deutschen Wiedervereinigung hatte. Die entscheidenden Namen dazu heißen: Michail Gorbatschow und Helmut Kohl, die jeweiligen Außenminister Hans-Dietrich Genscher und Eduard Schewardnadze und, nicht zu vergessen, der amerikanische Präsident George Bush senior.

Von gegenseitigem Vertrauen sind wir weiter entfernt denn je. In zahlreichen Publikationen ist hinlänglich ausgeführt, warum es trotz der enormen Chancen, die jene Zeiten mit ihrer kraftvollen Aufbruchsstimmung boten, abhandengekommen ist. Es ist müßig, akribisch aufzuführen, wer an welcher Stelle welche Chancen hat verstreichen lassen. Das führt lediglich zu gegenseitigen Schuldzuweisungen und weiteren Verletzungen. Aber es ist von existentieller Bedeutung anzuerkennen, dass es nicht nur ein deutsches, ein westliches Narrativ dieser Entwicklung gibt, sondern eben auch ein russisches. Die angesichts des derzeitigen politischen Personals ohnehin kleine Chance, aus der verfahrenen Situation möglichst bald wieder herauszufinden, wird vollends zunichte, wenn russische Narrative hierzulande von vornherein als unberechtigt, infame Propaganda oder Lügengebäude betrachtet werden. Natürlich muss und sollte man nicht alles glauben – ganz gleich, um welchen Staat es sich handelt –, aber wir sollten zumindest zuhören und auch hören wollen, was unsere russischen Nachbarn uns zu sagen haben.

Es fällt auf, dass in unserem Land in der Regel nur zwei Kategorien russischer Gesprächs- oder Interviewpartner zu Wort kommen: offizielle Regierungsvertreter und ausgewiesene Kremlkritiker. »Neutrale« Experten muss man mit der Lupe suchen, und Straßenumfragen vermitteln stets ein Bild, als gäbe es nur entweder blinde Regierungsunterstützer oder sich ereifernde Putin-Kritiker. Das vielfältige Spektrum dazwischen kommt nicht vor, und es scheint auch nicht wirklich zu interessieren.

Ob Russland zu Europa gehört oder nicht – mit Publikationen zu dieser Frage lassen sich ganze Bibliotheken füllen. Und die Antworten fallen alles andere als eindeutig aus. Russland ist politisch betrachtet ganz sicher kein asiatisches Land, auch wenn sich der größte Teil

Russlands auf dem asiatischen Kontinent befindet. Und Eurasien ist mehr als nur ein geografischer Begriff. Es ist eine politische und wirtschaftliche Option, die nicht nur eine große, sondern die Chance schlechthin bietet, sich in einer Welt zu behaupten, in der sich die Gewichte so dramatisch verschoben haben. Die USA werden schwächer und China wird stärker, beides in einem Ausmaß, mit dem kaum jemand gerechnet hat.

Angesichts dieser Tatsache ist es von ganz besonderer Bedeutung und nicht zuletzt in unserem eigenen Interesse, darüber Bescheid zu wissen, was Russen von Deutschen halten und was sie über Deutschland denken.

Sowohl die russische als auch die deutsche Seite schleppen wegen der gegenseitigen hohen Erwartungshaltung ihre Enttäuschungen mit sich herum.

Die einen sind enttäuscht darüber, dass die Perestroika-Politik Gorbatschows nicht geradlinig und zügig in ein durch und durch demokratisch strukturiertes Staatswesen geführt hat. Die anderen hatten erwartet, in Deutschland einen Fürsprecher in der westlichen Welt zu haben. Wer nichts erwartet, kann auch nicht enttäuscht werden und tut sich gegebenenfalls viel leichter, ein ramponiertes Verhältnis zu reparieren. Es sind aber nicht nur die knallharten messbaren politischen Kategorien, um die es geht. Auch Befindlichkeiten spielen eine wichtige Rolle. Sie werden vielfach unterschätzt. Ein Fehler. Sonst wäre vielleicht schon eher zur Kenntnis genommen worden, wie Deutschland sein Ansehen bei den Russen verspielt.

Einführung

Was für einen Deutschen den Tod bedeutet, ist für einen Russen gesund. (Sprichwort)

Russland wird nur durch Russland überwunden. (Friedrich Schiller)

Toleranz verlangt nicht danach, Unstimmigkeiten und Widersprüche zu verschleiern. Im Gegenteil, sie fordert, die Unmöglichkeit eines umfassenden einheitlichen Denkens anzuerkennen und darum fremde und gegensätzliche Ansichten ohne Hass und Feindschaft zur Kenntnis zu nehmen. (Lew Kopelew)

Der deutsche Leser soll sich durch dieses Buch nicht angegriffen oder beleidigt fühlen. Ziel des Buches ist die Beschreibung der gegenwärtigen Haltung der Russen gegenüber Deutschen. Zweck des Buches ist, die Gefahren des konfliktgeladenen Entfremdungsprozesses für Deutschland darzustellen.

Die Russen bemerken, dass Deutschland seine Politik gegenüber Russland verändert hat. Bundesverteidigungsministerin Annegret Kramp-Karrenbauer spricht davon, dass Deutschland in Bezug auf Russland aus einer »Position der Stärke« auftreten soll. Bislang wollten die Deutschen – im Gegensatz zu den USA nach der Ukraine-Krise 2014 – der russischen Wirtschaft keinen Schaden zufügen. Doch das hört sich nun anders an. Die Russen wundern sich über die letzten Umfragen in Deutschland, wonach die Massenmigration und Russland für die Deutschen zu den größten außenpolitischen Gefahren für 2021 zählen. Fast ein Drittel der Deutschen sehen Russland inzwischen als gefährlich für die eigene Sicherheit an. 2019 waren es nur 6 Prozent.

Doch welche Gefahr geht für Deutsche von Russland tatsächlich aus? Vielleicht ist sie nur »gefühlt«, künstlich? Leiden die Deutschen unter falschen Vorstellungen? Am Rande sei angemerkt, dass der Autor dieses Buches weit davon entfernt ist, die Schuld an der katastrophalen Verschlechterung der bilateralen Beziehungen allein den Deutschen zuzuschreiben. Auch Russland hat dabei seinen unrühmlichen Anteil.

Den Deutschen sollte ein gutes Nachbarschaftsverhältnis zu Russland wichtig und strategisch von Nutzen sein. Um der komplizierten Lage Herr zu werden, fragen wir im Buch die Russen: Was denken sie über die Deutschen? Das ist beileibe keine rhetorische Frage. Standardwerke, wie Deutsche die Russen sehen, füllen hierzulande ganze Bibliotheken. Jedes Jahr erscheint darüber ein neues Buch auf dem deutschen Markt. Weitaus weniger bekannt ist, welche Ansprüche die Russen an die Deutschen stellen. Die Antwort auf die Frage ist nicht unerheblich, denn Russen und Deutsche sind historisch dazu verdammt, sich zu vertragen. Bekanntlich führte eine deutsch-russische Feindschaft zu zwei fürchterlichen Weltkriegen und ließ Europa kollabieren. Das darf nie wieder passieren.

In Deutschland nennt man diejenigen, die für ein gutes Verhältnis zu Russland eintreten, die Russlandversteher. Werfen wir einmal einen Blick auf die Deutschlandversteher in Russland. Was haben sie zu sagen? Doch Hand aufs Herz: interessiert man sich in Deutschland wirklich dafür, wie die Russen die Deutschen sehen? Nicht wirklich. Für den modernen Deutschen ist es weitaus wichtiger, von den USA, Großbritannien und Frankreich respektiert sowie in der EU ernst genommen zu werden – in Ländern und Nationen, mit denen Deutsche in einem Werte-Bündnis (manche würden sagen: einer gemeinsamen Kultur) zusammenleben. Was außerhalb der transatlantischen Gemeinschaft gedacht wird, interessiert nicht wirklich.

Wie Francis Fukuyama 1990 in seinem Jahrhundertbuch über das Ende der Geschichte schrieb, wird es kein erfolgreicheres System auf Erden geben als das liberal-demokratische. Mit der liberalen Moderne hat die Menschheitsgeschichte ihren zivilisatorischen Zenit erreicht. Im Grunde müssen sich alle Völker, um glücklich zu werden, nach dem liberalen westlichen System ausrichten. Doch was, wenn die Russen an dieser universellen westlichen Welt gar nicht teilhaben wollen?

Russland ist, seitdem Peter der Große vor über 300 Jahren das sogenannte Fenster nach Europa aufschlug, für den Westen ein Fremdkörper geblieben. Vermutlich aufgrund seiner größeren kulturpolitischen Prägung durch die byzantinische statt durch weströmische Tradition. Im Grunde sind Ost- und Westeuropa seit dem Großen Schisma 1054 voneinander getrennt. Der Westen versuchte stets, Russland zu zivilisieren. Russland ließ sich vom Westen nicht belehren.

Deutschland begrüßt es stets zu erfahren, wie Russen Deutsche verstehen und respektieren. Aber will man hierzulande, dass auch umgekehrt Deutsche Russen verstehen und respektieren? Nicht wirklich. Ja: Man will Russland aus der Barbarei in das fortschrittliche und aufgeklärte Europa überführen. Doch nein: Über eine unterschiedliche russische Weltsicht oder die besondere russische Interessenlage etwas zu erfahren ist in Deutschland für die Wenigsten von Belang.

Im Jahre 2021 jährt sich zum achtzigsten Male der Tag des Überfalls Adolf Hitlers auf die Sowjetunion. Das nationalsozialistische Deutschland führte einen Vernichtungskrieg gegen die bolschewistische Sowjetunion. Es war der schlimmste Krieg, den die Menschheit bis dato erlebt hatte. Die Sowjetunion beklagte in nur vier Kriegsjahren 27 Millionen Tote, davon die Hälfte Zivilisten. Die gesamten deutschen Kriegsopfer beliefen sich auf 7 Millionen Tote, davon ein Drittel Zivilisten. Sind diese Erinnerungen in der heutigen deutschen Vergangenheitsbewältigung allgegenwärtig, so wie der Holocaust für immer ein fester Bestandteil der deutschen Erinnerungskultur bleiben wird? Nicht wirklich. Russen und Deutsche aber bilden die beiden bevölkerungsreichsten Nationen in Europa. In der Russischen Föderation leben 142 Millionen Menschen; in der Bundesrepublik Deutschland 82 Millionen. Es ist keine Floskel zu behaupten, dass von einer echten Aussöhnung und guten Beziehungen zwischen den einst verfeindeten Mächten die künftige Friedenssicherung auf dem europäischen Kontinent abhängt.

Im Jahre 2021 jährt sich zum dreißigsten Male die Auflösung der Sowjetunion. Vom Ende des Kalten Krieges profitierten alle. Europa wurde vereint, Deutschland wiedervereinigt, überall in Europa manifestierten sich die Prinzipien von Rechtsstaatlichkeit, Demokratie und Marktwirtschaft. Machte es die Deutschen stolz, dass die Russen seit dem Fall der Berliner Mauer in allen soziologischen Meinungsfragen Deutschland als ihr Lieblingsland, als eine Art Vorbild in Europa betrachten? Nicht wirklich. Eher fasste man diese Tatsache in Deutschland als etwas Selbstverständliches auf. Deutschland sei schließlich die stolze Führungsmacht in Europa – eines von Deutschland neu geschaffenen liberalen Groß-Europa, in dem früher oder später auch das postkommunistische Russland seinen Platz finden könne.

Im Jahre 2021 jährt sich zum zwanzigsten Male der Auftritt von Vladimir Putin im Deutschen Bundestag. Der russische Präsident erklärte damals den Kalten Krieg für beendet und schlug eine neue konstruktive Partnerschaft vor. Haben die Deutschen die ausgestreckte Hand ergriffen? Nicht wirklich. Zehn Jahre später kündigte Deutschland die Modernisierungspartnerschaft mit Russland unter dem Vorwand der Abkehr Russlands von der Demokratie auf. Heute ist Deutschland, nach den Worten Putins, kein Anwalt russischer Interessen im Westen mehr.

Der Fall Nawalny, der wohl niemals aufgeklärt wird, hat die deutsch-russische Beziehung vergiftet. Der bekannte russische Politologe Dmitri Trenin sprach vom bitteren Ende einer strategischen Sonderbeziehung zwischen Russland und der Bundesrepublik, die – allen Konflikten zum Trotz – half, einen neuen Kalten Krieg zwischen Russland und dem Westen zu verhindern. Deutschland ist für die Russen nicht mehr die Lieblingsnation in Europa. Ist man in Deutschland deswegen alarmiert? Nicht wirklich. Deutsche Thinktanks geben der Bundesregierung den Rat, Russland wie einen Gegner zu behandeln und mit Moskau aus einer Position der Stärke zu reden, was Kramp-Karrenbauer auch beherzigt. Der »Spiegel« schreibt, Deutschland solle Putin endlich richtig »wehtun«.

In Russland fährt man als Antwort schwere Geschütze auf. In der Öffentlichkeit ertönen Stimmen, die von der langjährigen Aussöhnung nach dem Krieg nichts mehr wissen möchten. Der Krieg Nazideutschlands gegen die Sowjetunion soll zum »Genozid gegen das sowjetische Volk« umdefiniert werden, mit allen daraus folgenden Konsequenzen, inklusive möglichen Reparationsforderungen.

Die Russen waren in den vergangenen 30 Jahren in ihrer Gesamtheit erkennbar Deutschland-freundlich. Auch in Deutschland existiert, anders als in vielen westlichen Nachbarstaaten, eine kritische Masse an Befürwortern einer Aussöhnungspolitik mit und Annäherung an Russland. Im politischen Establishment sind es vor allem die SPD und die Linke, die – auch in schwierigen Zkeiten – ihr Möglichstes tun, um einen kompletten Bruch der deutsch-russischen Beziehungen zu verhindern.

Umfragen zufolge sympathisieren in Ostdeutschland, also in der ehemaligen DDR, die Bürger viel stärker mit Russland als in Westdeutschland, wo das transatlantische Denken und die Fixierung auf liberale Werte stärker ausgeprägt ist und die Menschen viel kritischer über Russland denken. Die Dankbarkeit gegenüber Amerika für die Befreiung vom Faschismus, für den Aufbau von Demokratie und den Marschall-Plan ist noch so groß, dass die Westdeutschen den USA alles durchgehen lassen. Man kann in Westdeutschland noch latente Stereotypen aus dem Kalten Krieg ausmachen. Zweifellos existiert dort ein stark ausgeprägter Pro-Amerikanismus, der nahezu automatisch einen kritischen Blick auf Russland wirft. In Ostdeutschland ist das umgekehrt.

Noch im Mai 2012 erschien in der russischen Boulevardzeitung Komsomolskaja Prawda ein warnendes Interview mit dem Autor des vorliegenden Buches. Dieser versuchte, wenn auch provokant, die fehlerhafte Sicht vieler Deutscher auf Russland zu korrigieren. Das überzogene Zitat eines russischen Politologen, die Amerikaner hätten den Deutschen das Gehirn amputiert, sollte wiedergeben, wie in den russischen Eliten die Deutschen gesehen werden: als Befehlsempfänger der Amerikaner.

Doch in Deutschland kam das schmerzliche Interview gar nicht gut an. Keiner der notorischen Russlandkritiker in der Bundesrepublik wollte in den Spiegel schauen. Der Autor wurde in allen deutschen Medien heftiger Kritik unterzogen und geschmäht, dabei hatte er nur den Finger in die Wunde der deutsch-russischen Beziehungen gelegt.

Die Russen und wir, oder: Wie sehen uns die Russen wirklich? Das vorliegende Buch gibt interessante Einblicke in das Gedankengut der Russen, vermittelt Tiefenströmungen in den bilateralen Beziehungen und appelliert an den deutschen Leser, den Russen genauer zuzuhören. Nur über Dialog werden beide Seiten die vielfältige Welt des anderen verstehen. Die Binsenweisheit sagt: Brücken der Völkerverständigung aufzubauen dauert länger, als sie einzureißen. Letzteres passiert momentan. Beide Seiten sollten dagegensteuern.

Der Autor weiß dabei, wovon er spricht. Er, in einer russischen Emigrantenfamilie in Westdeutschland aufgewachsen, blickt zurück auf über 300 Reisen nach Russland seit dem Berliner Mauerfall und auf viele Jahre Arbeit im Petersburger Dialog, im Deutsch-Russischen Forum, im Russland-Eurasien-Zentrum der Deutschen Gesellschaft für Auswärtige Politik, bei Radio Freies Europa und als Berater des größten russischen Unternehmens, Gazprom. Er ist Träger des Bundesverdienstkreuzes und des Freundschaftsordens Russlands. Klar, als Botschafter, der oft auch unangenehme Nachrichten überbringt, hat er sich nicht nur Freunde gemacht. Der Prophet im eigenen Land zählt bekanntlich nichts. Das vorliegende Buch ist ein Schrei des Verzweifelten: rettet die deutsch-russischen Beziehungen! Gerade darum ist es wichtig, den russischen Blick auf Deutschland ernsthaft zu prüfen.

Anna,
die Coachin

Wir besuchen Annas Coaching-Seminar in Berlin. Die Sozialpsychologin hat das Treffen zuerst abgelehnt, doch schließlich zugestimmt. Sie möchte keine Meinungsumfrage über das Verhältnis der Russen zu Deutschland mit Interviewpartnern durchführen, die aus Russland emigriert sind. Die Meinungen wären authentischer, wenn sie von »richtigen« Russen stammen. Doch sie lässt sich umstimmen. Bevor sie ihr Coaching zum Thema »Wahrnehmung der Russen über Deutsche und über Deutschland« beginnt, kontaktiert sie die Gortschakow-Stiftung in Moskau. Sie bittet, dort eine Umfrage unter den Mitgliedern des Jugendparlaments zu diesem Themenkomplex durchzuführen. Die Antwort aus Moskau lässt nicht lange auf sich warten.

Artem, Politologe Ich bin einen Monat vor dem Fall der Berliner Mauer zur Welt gekommen. In meiner Erinnerung war Deutschland immer ein Einheitsstaat in der Mitte Europas. Es ist ein Land, das eine starke Industrie, eine fortentwickelte Wirtschaft und eine reiche Kultur hat. Deutschland habe ich schon immer mit Stärke assoziiert – ob es um die Armee, Fabriken, wissenschaftliche Entdeckungen oder Werke Goethes ging. Dieses Land erkennt keine halben Maßnahmen an und strebt nach Perfektion in jeder seiner Unternehmungen. Eine ältere Generation, die meiner Eltern, verbindet Deutschland weitgehend mit den dunklen Seiten des 20. Jahrhunderts. Ich kann nicht dasselbe für mich sagen. Es fällt mir schwer, spekulative Parallelen zwischen dem modernen Deutschland und dem Dritten Reich zu ziehen. Es scheint mir, dass es mit dem gleichen Erfolg möglich wäre, Napoleons Reich und das moderne Frankreich oder Amerika während der »Großen Depression« mit den modernen Vereinigten Staaten zu vergleichen. Es war zu lange her und das Leben hat sich verändert. Aber vor der reflektierenden Haltung der Deutschen zu ihrer Vergangenheit verspüre ich Respekt. Ich denke, dass dies ein wichtiger Teil des heutigen deutschen Erfolgs ist. Moderne Deutsche scheinen mir ambitionierte Menschen zu sein, die ihre Ziele methodisch und systematisch erreichen. Aus diesem Grund sind ihre Erfolge selten das Ergebnis von Zufall oder hoher Kraftanstrengung. Ein solcher pedantischer und in gewisser Weise langweiliger Ansatz ist manchmal Gegenstand von Ironie, aber er hindert Deutschland nicht daran, ein Modell für andere Länder zu sein. Vielleicht spielen in meinem Bewusstsein die Traditionen der russischen klassischen Literatur eine Rolle, die Deutsche meist als aktive Antipoden zum verträumten Russland darstellen. Es gibt Dinge bei den Deutschen, die nicht immer volles Verständnis finden. Deutsche tun so, als ob sie im 22. oder 23. Jahrhundert leben würden, während die anderen noch im 21. oder gar im 20. Jahrhundert herumtoben. Irgendwie erinnert mich das an die Idee der amerikanischen Exklusivität, wobei hier die Rolle des religiösen Eifers ein spezieller Rationalismus einnimmt. Oft stört dies den normalen Dialog. Übrigens hat sich in den letzten

Jahren dieses Kategorische, wenn auch informell, mit einer selbstkritischen Reflexion vermischt.

Alexandra, Beamtin Ich bekam Interesse an Deutschen und deutscher Kultur in der 10. Klasse, als ich unerwartet die Regional-Olympiade in Deutsch gewann. Ich sollte dazusagen, dass ich erst vier Jahre später den ersten echten Deutschen traf, als ich mein Studentenpraktikum im Büro einer deutschen Stiftung in Moskau absolvierte. Dieser Deutsche war kein Geringerer als Hans-Dietrich Genscher, ein ehemaliger Bundesaußenminister und einer der Architekten der deutschen Einheit. Ich war sehr beeindruckt von Genschers Freundlichkeit, dem Charisma dieses Mannes, der Klarheit seines Denkens. Vielleicht hat dieses Treffen meine Sympathie für das deutsche Volk vorbestimmt. Und die Deutschen, die mein Interesse sahen, erwiderten mir freundlich und bekundeten immer ihr Interesse an Russland und seiner Kultur. Die Verschlechterung der russisch-deutschen Beziehungen in den letzten Jahren hat diese positiven Aspekte nivelliert. Wir sind heute gezwungen, über das Negative zu sprechen, sei es über Wirtschaftssanktionen, den Konflikt in der Ukraine oder das Schicksal Nawalnys. Der Streit offenbart uns im Unterbewusstsein, was wir in unserem deutschen Gesprächspartner früher gar nicht sehen wollten oder nicht erwartet hatten. Aber ich glaube, wenn es uns nach einem so schrecklichen Krieg, den unsere beiden Völker durchgemacht hatten, gelungen ist, diplomatische Beziehungen, Handels- und Wirtschaftsbeziehungen und intensiven kulturellen Austausch herzustellen, dann wird es wahrscheinlich einfacher sein, mit einem solchen Gepäck die gegenwärtige Entfremdung umzukehren.

Andrei, Jungunternehmer Ein moderner junger Deutscher trägt seinen Kopf hoch und mit Stolz. Nicht umsonst ist er stolz auf den kulturellen Reichtum seines Landes, seine wirtschaftlichen Erfolge, Technologien, Infrastruktur und malerischen Landschaften. Es scheint, dass er seine Überlegenheit zwar demonstrieren möchte, aber seine gute Erziehung es ihm nicht erlaubt. Zunehmend nimmt man bei den Deutschen die Ehrfurcht gegenüber den USA wahr, die sowohl im Verhalten als auch im Aussehen zum Ausdruck kommt. Wenn Deutsche Englisch sprechen, tun sie das in einem zusehends belehrenden Ton. Sie haben großes Vertrauen in die eigene Russland-Expertise, trotz Mangels an Wissen in diesem Bereich. Deutsche folgen dem universellen Maßstab der europäischen Werte und Minderheitenrechte, die Geschichte der UdSSR wird verteufelt, und die Geschichte Deutschlands in den 1930er und 1940er Jahren relativiert. Für junge Deutsche ist »Russland« alles, was östlich der polnischen Grenze liegt. Die Deutschen halten uns Russen nicht für ebenbürtig. Wir hören uns nicht nur – wir schauen einander in die Augen und sehen nur den Wind.

Alexander, Wirtschaftsexperte *»Heute Kinder – morgen das Volk«: Wie junge Russen die jungen Deutschen von heute sehen.* Die Beziehungen zwischen jungen Russen und Deutschen zeigen trotz Komplikationen immer noch einen aufrichtig freundlichen Charakter. Wir achten die deutschen Traditionen, die technischen Fähigkeiten und die Qualität deutscher Produkte. Natürlich beeinflusst die Erinnerung an den Großen Vaterländischen Krieg immer noch unsere Beziehungen. Es ist schade, dass junge Deutsche manchmal vom Nazi-Regime als etwas Schrecklichem sprechen, als ob Hitler von einem anderen Planeten auf sie herniedergefallen wäre. Aber im Allgemeinen müssen wir vor der deutschen Erinnerungskultur den Hut ziehen. Ich nehme einen Unterschied darin wahr, wie West- und Ost-Deutsche über dieses Thema diskutieren. Junge Deutsche aus dem Osten, die nicht einmal die DDR kennen, empfinden die DDR nicht als Unrechtsstaat und fühlen sich im Sinne der Erinnerung an den Sieg über den Nationalsozialismus sogar als kleine Gewinner. Vielleicht ist das eine Reaktion auf das niedrige Niveau der wirtschaftlichen Entwicklung in den östlichen Bundesländern. Die Möglichkeiten des Jugendaustausches sind enorm. Wenn sich ein Deutscher für eine Reise nach Russland entscheidet, verspürt er den wirklichen Wunsch, unser Land kennenzulernen und Erfahrungen zu sammeln, die er in seiner Heimat nie machen wird, geschweige denn, wenn er ein anderes Land Westeuropas oder Nordamerikas besucht. Dieses Respektgefühl ist wertvoll und wird zur Grundlage des Dialogs. Bei Themen wie Sport, Tourismus und Beruf kommen wir zusammen, solange die Deutschen nicht anfangen, den »Lehrerton« aufzusetzen und aufrichtig so zu tun, als ob sie dazu das Recht hätten. Russen ist eine solche Arroganz fremd, obwohl Russland sich mit seinen Erfolgen nicht zu verstecken braucht. Belehrungen finden in Russland nicht statt. Im russisch-deutschen Jugenddialog gibt es immer einen Moment des Übergangs zu wichtigen politischen und wirtschaftlichen Themen. Junge Deutsche sind in solchen Gesprächen bereit, über Umweltverantwortung zu sprechen, die Selbstverwirklichung, Freizügigkeit und freie Berufswahl in ihrem Land. Doch bei jungen Deutschen fehlt oft der Wunsch, die Besonderheiten der russischen Jugend zu verstehen, denn sie denken, dass jeder Russe nur emigrieren will.

Wenn ein junger russischer Gesprächspartner gegen das »russische Regime« ist, gilt er in den Augen eines jungen Deutschen als gut, denn dies steht im Einklang mit seinen Vorstellungen über das Russland, über das in den deutschen Medien extrem negativ berichtet wird. Die wahren Herausforderungen der russischen Jugend werden in den deutschen Medien nur selektiv behandelt. Den jungen Russen wird ein glückliches Leben in Deutschland suggeriert, in dem freie Hochschulbildung, gute Beschäftigungsmöglichkeiten existierten und wo es keine politische Verfolgung von Aktivisten oder sexuelle Minderheitenprobleme gebe. Das heißt, wenn ein Deutscher hier seine übliche »Agenda« entdeckt, braucht er sich nicht anzustrengen, Russlands Vielfalt außerhalb dieser Schablonen zu verstehen. In alltäglichen Dingen sind sich junge Russen und Deutsche sehr gleich, sie sind Pragmatiker, sie verstehen die Kosten der Berufsausbildung und den Wert von guten Berufseinstiegen. Die extreme Rationalität junger Deutscher fasziniert und verärgert zugleich. Trotz ihres jugendlichen Elans sehen die jungen Deutschen nicht, dass ihnen die tiefe Emotionalität fehlt. Das Leben in politischen Stereotypen und Klischees lässt den Dialog verarmen. Zugegeben, die russische Jugend hat viele Alltagssorgen. Es gibt Forderungen nach inneren Veränderungen in Russland, nach sozialen Garantien, junge Russen wollen mehr Mitsprache. Die Jugend russischer Megastädte ähnelt eher der europäischen. Aber es gibt regionale Mentalitätsunterschiede zwischen den russischen Jugendlichen. Stereotype über ein erfolgreiches Leben im Ausland gehören jedenfalls der Vergangenheit an. Kurzfristige Reisen nach Deutschland sind gewollt, die Idee der Abschaffung der Visa für junge Menschen ist willkommen. Aber im Allgemeinen wird eine vorsichtigere Haltung gegenüber Deutschland oder mehr Gleichgültigkeit laut. Das vor dem Hintergrund der offen antirussischen Rhetorik auf verschiedenen Ebenen. Es ist absolut unverständlich, warum in Deutschland das Feindbild Russland so fleißig aufgeblasen wird und das Gemeinsame verdrängt wird. Junge Menschen in Russland und Deutschland haben immer noch die Möglichkeit, zwischen ihren eigenen Erfahrungen und denen zu unterscheiden, die im Internet und in der Presse veröffentlicht werden. Aber der Überhang zunehmender Negativität gegenüber Russland in Deutschland bleibt nicht unbemerkt, was das Misstrauen gegenüber der Wahrnehmung der Deutschen in den Kanälen der Jugenddiplomatie stärkt. Früher litt der Jugendaustausch noch am wenigsten an den negativen Beziehungen.

Iwan, einfacher Bürger Junge Menschen sind weitgehend frei von Ideologien, ihre Position ist pragmatischer, kritisch in Bezug auf Informationsquellen und politisierte Diskussionen. Junge Menschen sind fasziniert von Themen wie Digitalisierung, industrielle Revolution 4.0., Ökologie – vielleicht kann man das auch »Ideologie« nennen, denn die Werte einer neuen Generation von Deutschen enthalten »ethische Prinzipien«. Gleichzeitig kennen junge Menschen in Russland, im Gegensatz zur älteren Generation, ihr Land schlechter und haben kein Interesse an einer starken außenpolitischen Rolle Russlands. Was die deutsche Jugend angeht, so denkt diese in Wertefragen sehr kategorisch und sie unterscheidet klar zwischen »eigenen« und »fremden«. Die deutsche Gesellschaft scheint mir in Aufruhr zu sein. Sie ist aufgebracht und enttäuscht von der eigenen Elite. Deutsche sind müde, als Modell für Europa herhalten zu müssen, sie wollen für sich leben und verlieren die Geduld. Noch halten sie sich zurück, unterdrücken ihren inneren Protest – aber davon wird er nur noch stärker und könnte radikaler werden.

Anna hat die Meinungsumfrage aus Russland ausgewertet. Nun steht sie frei sprechend, ohne Atemschutzmaske, in einem Besprechungsraum. Vor ihr sitzen mehrere Russen und Russinnen – kein Jugendparlament, aber dennoch viele jüngere Probanden, alle mit Mundschutz gegen Corona. Um festzustellen, wie sich Charaktere, Mentalitäten, Weltanschauungen der beiden Länder vertragen, wird sie eine soziologische Untersuchung gerade dort durchführen, wo die interkulturellen Beziehungen am intensivsten sind – in der russischen Community in Berlin-Charlottenburg. Nach einer halben Stunde sammelt Anna die handschriftlich beschriebenen Zettel der Anwesenden wieder ein und liest vor:

Mitja, Pensionär Made in Germany – ein besseres Gütesiegel für eine Ware existiert für uns Russen nicht. Natürlich sind Russen neidisch auf die Deutschen. Schon als die siegreiche Rote Armee am Ende des Krieges durch Deutschland zog, waren Offiziere und Soldaten gleichermaßen angetan vom höheren Lebensstil und der Freizügigkeit der Deutschen. Was wir Russen heute von den Deutschen lernen können, ist der Respekt vor der Menschenwürde – die Achtung jedes Einzelnen. Was sie tatsächlich von uns Russen denken, ist mir egal. Besser heuchlerische Höflichkeit als offenkundige Grobheit. Andererseits: wenn der Russe lächelt, meint er es aufrichtig, nicht so wie der Amerikaner, der ständig sein elektrisches Lächeln im Gesicht trägt.

Xenia, Leitende Büroangestellte In Westdeutschland mochte man uns Russen nie, in Ostdeutschland schon. In Deutschland gewannen wir viele Freunde, aber wir blieben in der russischen Community haften. Niemand wollte hundertprozentiger Deutscher sein. Uns regte auf, dass alle Deutschen den ganzen Tag über russische Kriminelle und Mafia schimpften. Und wir verstanden nicht, warum Deutsche nachts, wenn auf den Straßen alles leer war, trotzdem nicht über die rote Ampel fuhren.

Wolik, Filmregisseur In Deutschland funktioniert der Rechtsstaat, es herrscht keine Korruption und Vetternwirtschaft. Jeder ist vor dem Gesetz gleich – ob Frau Merkel oder der Obdachlose auf der Parkbank. Der Deutsche hält meist, was er verspricht. Die deutsche Ordnung ist lästig und penibel, aber im Nachhinein ist es schön, in einem sauberen Land zu leben. Trotzdem halte ich es nicht lange in einer rein deutschen Gesellschaft aus. Hier herrschen andere Sitten, andere Bräuche, ein anderer Humor. Der Deutsche ist niemand, der anderen Kulturen gegenüber groß aufgeschlossen ist – er betrachtet seine als die bessere. Das stört den Russen im Umgang mit dem Deutschen am meisten. Als nichteinheimischer Deutscher kannst du in Deutschland sehr schwer Karriere machen. Ein ausländischer Name weckt immer noch Misstrauen. Das wird sich mit der arabischen Massenmigration nach Deutschland ändern.

Mischa, Seelsorger Der Russe hat eine tiefere Einstellung zu Lebensproblemen, er leidet, während der Deutsche pragmatisch lebt. Wenn die Arbeit ruft, vergisst der Deutsche seine Probleme und krempelt die Ärmel hoch. Das kann der Russe nicht, er versinkt in Chaos.

In Deutschland wird der Status einer Person über ihren Beruf und Karriereerfolg definiert – in Russland sind Beruf und Arbeit eher Mittel, um sich das Leben zu leisten. Der Deutsche ist besser organisiert als der Russe. Aber dem Deutschen ist die geistige Individualität abhandengekommen. Er ist völlig auf seine Arbeit fixiert, weil nur die zählt. Er ist sehr autoritätshörig, dadurch lenkbar. Ein Russe muss, wenn er auf dem deutschen Arbeitsmarkt erfolgreich bestehen will, es dem deutschen Kollegen nachmachen und am besten sein soziales Umfeld von einem russischen auf ein deutsches umstellen.

Dima, Dolmetscher Der Russe verneigt sich vor dem Talent der Deutschen. So ein Wirtschaftswunder nach dem Zweiten Weltkrieg aufzubauen hätte ein anderes Volk kaum geschafft. Die Deutschen haben es verdient, in ihrem großartigen Komfort zu leben, auf den andere neidisch sind. Aber ein Deutscher ist hochmütig. Er wird, wenn er bei seinem Gegenüber einen leichten Akzent oder ein anderes Aussehen entdeckt, sofort fragen: woher kommst Du? Für einen Russen, der ganz selbstverständlich in einem Vielvölkerstaat aufgewachsen ist, klingt das diskriminierend. Der Deutsche muss mehr tun, als mit dem Geldbeutel zu locken, um andere europäische Nationen für sich zu gewinnen.

Irina, Jugendarbeiterin Es existieren zwischen Russland und Deutschland zahlreiche Jugendforen, die zur Verständigung beitragen. Junge Leute leben weniger in Stereotypen, sind neugierig auf alternative Blickweisen und flexibel, ihre Meinung zu verändern. Das deutsch-französische Jugendforum war entscheidend für die Freundschaft beider Nationen heute. Allerdings verspürte es niemals finanzielle Engpässe. Für den wichtigen Jugendaustausch zwischen Deutschen und Russen fehlt es dagegen an allen Ecken an Geld. Warum? Ist Russland nicht wichtig genug? Die Deutschen müssten doch wissen, wie wichtig ein gutes Verhältnis zu Russland ist und welche Probleme eine permanente Verschlechterung der Beziehungen mit sich bringen würde.

Natascha, Designerin Ich bin seit vielen Jahren mit einem deutschen Diplomaten verheiratet. Er hat viel über Russland von mir erfahren, einen bedeutenden Bekanntenkreis in Moskau aufgebaut. Er weiß Dinge, die seinen anderen Diplomatenkollegen verschlossen sind. Doch das alles interessiert seinen Brötchengeber herzlich wenig. Im Gegenteil, er wird immer nur auf dem Posten eines Kulturattachés gehalten und nicht weiterbefördert. Verantwortungsvolle politische Positionen werden ihm verwehrt, er spürt Misstrauen seitens seiner Vorgesetzten – nur weil er mit einer Russin in einer Ehe lebt. Wäre er mit einer Französin oder Amerikanerin verheiratet, hätte mein Mann schon längst große Karriere gemacht.

Tichon, Barkeeper Russen und Deutsche verstehen sich aus der gemeinsamen Geschichtserfahrung viel besser als Angelsachsen und Germanen, Südeuropäer und Nordeuropäer. Wenn sich Deutsche abends an der Bar treffen, überwiegen die pro-russischen Gefühle gegenüber den pro-amerikanischen. Obwohl die Amerikaner und Briten auf politischer und kommunikativer Ebene alles unternehmen werden, um Deutsche und Russen weiter zu spalten.

Lisa, Politologin Russen, die nach Deutschland kommen, sollten natürlich von den Deutschen lernen und dankbar für ihre Aufnahme sein. Es ist wunderbar, dass der deutsche Staat russische Kultur in Deutschland fördert, auch den russisch-orthodoxen Gemeinden finanziell hilft, russische Denkmäler saniert. In anderen Ländern ist das keine Selbstverständlichkeit. Aber der Deutsche schaut auf den Russen herab. Russische Schulabschlüsse und Diplome werden den europäischen nicht gleichgestellt, Deutschland unterstreicht, dass deutsche Ausbildungsstätten und wissenschaftliche Einrichtungen den russischen (früher sowjetischen) haushoch überlegen sind. Der Russe erachtet das als Demütigung. Warum sollen westliche Normen und Zertifikate den russischen übergeordnet sein?

Katie, Musikerin Für einen Russen sind persönliche, freundschaftliche und emotionale Bindungen auf der Arbeit entscheidend. Vielleicht kommt es davon, dass der Kollektivgedanke in der Sowjetunion so ausgeprägt war. In Deutschland steht die Firma im Vordergrund. Ein Deutscher mag den Kollegen vor Gericht denunzieren, ist aber verwundert, wenn der Kollege mit ihm anschließend keine Besprechung mehr durchführen will. Als ich selbst einmal von einem Vorgesetzten gemobbt wurde, suchte ich Schutz bei Kollegen. Die russischen Mitarbeiter standen mir sofort bei. Der deutsche Kollege nicht. Er sagte, die Loyalität der Firma gegenüber stünde für ihn über dem Streit. Diese kaltherzige Illoyalität war unerträglich.

Lena, Medizinstudentin Die deutschen Compliance-Regelungen in den Betrieben sind ein Witz. Im Grunde genommen dürfen deutsche Firmen von ihren russischen Partnern keine Geschenke mehr annehmen. Kleine Geschenke erhalten doch immer die Freundschaft. Sogar ein gemeinsamer Besuch im Fußballstadion ist problematisch. Die deutschen Versuche, ihre Compliance-Regeln in der russischen Wirtschaft einzuführen, sind zum Scheitern verurteilt. Vielmehr sollten sich die deutschen Finanz- und Steuerbehörden einmal um die Geldwäsche wirklicher Krimineller aus Russland kümmern: in den Steueroasen, auf Zypern, in London und in der Schweiz.

Sofia, Reitlehrerin Bevor ich nach Deutschland kam, war ich überzeugt, dass Deutschland eine Leistungsgesellschaft wäre, wo ich mit meinem Talent viel Geld verdienen könnte. Doch im Nachhinein bin ich schier entsetzt von der deutschen administrativen Bürokratie und davon, wie wenig Geld mir am Ende übrigbleibt. In Deutschland herrscht reiner Sozialismus und niemand wehrt sich dagegen. Die Steuern sind viel zu hoch, für mich als Unternehmer ist Deutschland unrentabel. Dann die ständigen Auseinandersetzungen mit dem Betriebsrat, der uns Arbeitgeber in Russland nicht stört. Die soziale Abgabelast für deutsche Unternehmen ist viel zu hoch, ganz anders als in Russland. Und in Russland ist der Arbeitnehmer nicht so gut versichert, aber er erhält zusätzliche Boni-Zahlungen, oftmals steuerfrei, und ist zufrieden. Die Krankenversicherungsbeiträge sind in Deutschland ebenfalls astronomisch und kaum bezahlbar.

Mischa, Gymnasiast, Kampfsportler Die Deutschen sind furchtbar bürokratisch, sie sind pedantisch und zu diszipliniert. Deutsche verstehen keinen Spaß, rufen sofort die Polizei, wenn kleinste Regeln gebrochen werden. Die Deutschen sind in der Schule Streber. Für die russische Mentalität sind deutsche Mädchen wie Zicken. Sie verstehen unsere Witze nicht und verstehen unseren Humor nicht. Die russischen Mädchen in der Schule sind charakterlich besser drauf und sehen schöner aus, haben mehr Witz. Die deutschen Jungs vertragen nicht so viel Alkohol wie die Russen. Man kann mit denen nicht so über das Leben philosophieren.

Alexij, Abiturient Die Kombination des deutschen Wunsches nach Funktionalität und des russischen Wunsches nach Improvisation kann letztendlich den ausschlaggebenden Erfolg im Business erzielen. Doch das funktioniert oft nicht. Die Deutschen beginnen viel zu früh mit der Projektplanung, während die Russen erst dann damit anfangen, wenn es schon zu spät ist. Im Alltag ist eine Zusammenarbeit kompliziert. Der Deutsche meint, der Russe bräuchte für jeden seiner Schritte eine Erlaubnis von oben, während der Russe sagt, dass der Deutsche humorlos und unflexibel ist.

Alina, Gymnastin Deutsche Männer sind Egoisten und haben oft einen normierten Tagesablauf. Für sie zählt der Beruf alles. Sie verlangen von einer russischen Ehefrau, dass sie eine Arbeit annimmt, aber die russische Frau fordert, dass der Mann sich mit ihr beschäftigt, ihr Seelenleben versteht. Wenn er das nicht tut, bricht Unglück über die Ehe ein. Der russische Mann ist einfühlsamer, fragt die Partnerin öfter nach ihrem Gemütszustand. Der Russe mag öfters sündigen, aber er wärmt das Herz immer wieder mit schönen Komplimenten. Und darauf kommt es im Leben an.

Kolja, Seelsorger Meine Gefühle zu den Deutschen sind neutral. Aber die historischen Erinnerungen sind nicht vergessen. In meiner Familie sind die Großmutter und Schwester als Zwangsarbeiter nach Deutschland verschleppt worden. Ich lebe deshalb ungern hier. Ich will dafür von den deutschen keine Entschädigungszahlungen erhalten. Des Weiteren verstehe ich nicht, wie christliche Gläubige in einem zunehmend atheistisch werdenden Land wie Deutschland leben und Familien gründen wollen. Früher war Westdeutschland unser treuer Unterstützer, als es um Hilfen für die Kirche in Not in der gottlosen Sowjetunion ging. Jetzt haben Russland und Deutschland die Plätze getauscht. In Russland genießt die Religion einen hohen Stellenwert, überall werden Gotteshäuser gebaut, die Kirchen sind voll von Menschen. In Deutschland wird ständig Zweifel am Glauben gesät und die Kirchen sind leer. In liberalen westlichen Gesellschaften dürfen Minderheiten nicht diskriminiert werden. Frauen, Behinderte, Schwule, Lesben – niemand darf Witze über sie reißen. Aber über die Religion kann gelästert werden, westliche Politiker verteidigen Karikaturen, die den Propheten Mohammed verhöhnen. Das hat nichts mit Toleranz zu tun.

Annet, Autorin Was Russland von Deutschland umzusetzen lernen muss, ist die Vergangenheitsbewältigung. So wie Deutschland die Entnazifizierung erfolgreich durchgemacht hat, muss Russland den Stalinismus aufarbeiten. Ansonsten bleiben die Verbrechen gegen die eigene Bevölkerung ungesühnt. Ich weiß, dass das schwierig ist. Deutsche Kriegsverbrecher wurden von den Siegermächten gerichtet. Russland hat sich dagegen selbst vom Kommunismus befreit, Russen können nicht über Russen richten, denn sie alle waren Teil eines Unrechtssystems. Es gab keinen richtigen Elitenwechsel nach dem Fall des Kommunismus.

Olga, Kosmetikerin Kaum in Deutschland angekommen, hörten wir ständig, was in unserer alten Heimat alles schlecht wäre. Die Deutschen schätzten die Vorzüge unseres gesellschaftlichen Lebens in Russland als äußerst gering ein. Frauenrechte zum Beispiel waren im Osten weitaus stärker ausgeprägt als im Westen. Die Menschen waren arm, aber solidarisch untereinander. Ich hatte eine glückliche Kindheit und Schulzeit in Russland. Ohne die Oktoberrevolution 1917 hätten meine Eltern, die aus ärmlichen Verhältnissen kamen, niemals ihr Leben so positiv in den Griff bekommen. Wieso muss ich mich für mein vergangenes Leben ständig schämen und entschuldigen? Weil es bei uns keinen Wohlstand wie in Deutschland gab? Es ist nicht die Ignoranz in Deutschland, die mir Sorgen macht, sondern die Verächtlichmachung der Lebensleistung ganzer Generationen.

Adam, Informatiker Auf das deutsche Business verlassen sich die Russen zu 100 Prozent, die Geschäfte und Zahlungen laufen immer gut, es gibt ein Vertrauensverhältnis. Aber nicht alles im deutsch-russischen Business ist koscher. Zahlreiche Russen investieren auf dem deutschen Markt ihr Schwarzgeld, beispielsweise in Immobilien in Berlin. In Russland ist ihr Geld weniger sicher. Russische Firmen, die länger auf dem deutschen Markt sind, haben sich längst den Regeln angepasst und assimiliert, etwaige Probleme werden gelöst. Aber die Sanktionen wirken störend. Für russische Firmen ist es nicht mehr günstig, in Deutschland Qualitätsware zu produzieren. Die Produktion verlagert sich aus Kostengründen zurück nach Russland.

Josif, Mediziner Russland kann sich auf internationalem Parkett nicht so gut darstellen. Was ihm fehlt, ist das richtige Wissen um den Umgang mit soft power. Die westlichen Staaten wissen genau, wie man sich damit gut verkauft. Russische soft power aber besteht nur aus den alten Marotten: Kosakenchöre, Mönchsgesänge, Ballett, Balalaika und Matrjoschka. Das interessiert die deutsche Kulturlandschaft nicht mehr, trotzdem gibt der russische Staat für diese Russland-Werbung im Ausland übermäßig viel Geld aus, ohne dabei das Image Russlands nachhaltig zu stärken. Die Olympiade in Sotschi und die Fußballweltmeisterschaft waren dagegen riesige nationale PR-Erfolge, die die Herzen der Deutschen gerührt haben, aber dann von Anti-Doping-Kampagnen gegen russische Sportler und Funktionäre in den westlichen Medien kaputt geschrieben wurden. Die Russen sind entsetzt darüber.

Schenja, Russischlehrerin Mein Enkel hat in seiner Berliner Grundschule einen Verweis bekommen. Er soll gesagt haben, man solle den US-Präsidenten erschießen. Daraufhin haben die Eltern den Enkel zur Rede gestellt. Der wiederum sagte, die anderen Schüler hätten alle gesagt, Putin solle erschossen werden. Auf meine Frage, ob die Lehrerin den anderen Schülern ebenfalls einen Verweis erteilt habe, antwortete sie verwirrt: Nein, aber Putin ist doch der Böse. Eine Diskussion ergab, dass sie keine Ahnung von Geschichte hatte. Die Amerikaner seien stets die Guten gewesen, es war schier unmöglich, die Lehrerin zu überzeugen.

Mischa, Musiker Ich lebe im ständigen Streit mit meiner deutschen Ehefrau. Vielleicht bin ich zuhause zu patriarchalisch erzogen worden und sie, hier in Deutschland, zu feministisch. Wenn wir ausgehen wollen, bitte ich sie, sich hübsch anzuziehen. Das gefällt mir als Mann. Sie weigert sich, sagt, sie zieht sich so an, wie sie sich wohl und angenehm fühlt. Deutsche Frauen wollen oft nicht, dass ich als Mann für sie im Restaurant bezahle. Für einen Russen ist es unvorstellbar, dass eine Frau für das Essen bezahlt. Ich fühle mich in meiner Ehre verletzt. Eine deutsche emanzipierte Frau will auch nicht, dass ich ihr die Wagentür aufhalte. Diese kulturellen Unterschiede sind für eine russische Männlichkeit hier nur schwer zu ertragen.

Lena, Journalistin Als ich und mein Bruder noch klein waren, hat uns unsere Mutter in der Sowjetunion die Märchen der Brüder Grimm vorgelesen. Das waren zwei Bände in Deutsch. Die Mutter hat beim Lesen übersetzt, sie liebte die deutsche Sprache. Die deutsche Sprache wurde für mich zum Inbegriff der schönsten Märchen und deshalb habe ich seit meiner Jungend die deutsche Kultur gemocht. Damals, in den 1960er Jahren, lief im Fernsehen eine Sendung zum Erlernen ausländischer Sprachen. Meine Mutter war Schauspielerin, sie spielte in diesen TV-Sendungen mit und wir Kinder unterstützten ihre Tätigkeit. Etwas später gab es in den Geschäften plötzlich deutsches Weihnachtsspielzeug zu kaufen. Eine deutsche Modelleisenbahn, alles gefiel uns sehr, weil es echt war. Für ein Kind war es zu jener Zeit ein großes Geschenk gewesen, solche kunstvollen Spielzeuge aus Deutschland in der Hand zu halten. Als ich älter wurde, trafen wir in einem Pionierlager Gäste aus der DDR. Wir schlossen innerhalb eines Tages Freundschaft, die

Fotos dieser Begegnung besitze ich immer noch. Mein Sohn, jetzt erwachsen, ging früher in Leningrad sonntags in die Deutsch-Schule, sie gefiel ihm sehr. Heute habe ich viele Freunde in Deutschland, solche, die dort Arbeit fanden, solche, die ihrem künstlerischen Drang nachgegangen sind, solche, die ihre Verwandten den erfahrenen deutschen Ärzten anvertrauten, solche, die sich im Kreis Gleichgesinnter wohlfühlen. Vielen von ihnen gelang ein Neustart in Deutschland.

Lew, Manager Viele Russen denken, in Deutschland könne man sofort ein sorgenfreies Leben in Wohlstand führen. Sie freuen sich auf das hohe Gehalt, doch nach Erhalt ihrer Lohnabrechnung sind sie zuerst einmal perplex, denn sie hätten nicht mit solch hohen Abgaben gerechnet. Ja, die Qualität der Waren in Deutschland ist besser. Aber sie sind nicht billiger als die Waren, die es inzwischen zuhauf in russischen Großmärkten gibt. Für das Internet zahlt man in Deutschland viel mehr als in Russland. Viele Russen bekommen den ersten guten Eindruck von Deutschland als Touristen auf dem Weihnachtsmarkt. Aber dann sehen sie, wie anstrengend und teuer das Alltagsleben in Deutschland ist. Die Infrastruktur vieler deutscher Provinzstädte unterscheidet sich nicht von der in russischen Regionalmetropolen. Auch die Gehälter von IT-Spezialisten haben sich in Deutschland und Russland angeglichen. Viele russische Experten kehren enttäuscht nach Hause zurück, zur völligen Verdutztheit ihrer deutschen Kollegen.

Sweta, Fremdenführerin Als wir vor 30 Jahren nach Deutschland emigrierten, war unser Deutschlandbild von den sowjetischen Kriegsfilmen geprägt. Unsere Kindheit verlief mit diesen Filmen, ich hatte Angstattacken, als ich in Deutschland die ersten Polizisten sah. Ich traf merkwürdige Leute, zum Beispiel einen alten Mann, der mir erzählte, dass er in der Schlacht von Stalingrad gewesen war. Ich wollte ihm nicht zuhören, es war mir zuwider. Ich lernte die deutsche Sprache, ich wurde selbstsicherer. Die Russinnen, mit denen ich ausgewandert war, kannten nur die Worte »Hände hoch« und »nicht schießen«. Ich studierte in Halle, distanzierte mich aber von den Deutschen. Ich wollte keine sexuelle Beziehung zu deutschen Männern. Deutsche Verehrer hatte ich allemal. Die deutschen Männer lagen uns, Russinnen, zu Füßen. Wir vermittelten eine offensive Sexualität und Schönheit, die es in Deutschland nicht gab. Wir hatten schöne Wangen und den berüchtigten Reh-Blick. Die deutschen Männer waren verrückt nach uns russischen Frauen. Mensch, waren wir attraktiv! Wir wurden aber von Russen öfters angemacht als von den Deutschen, letztere trauten sich nicht. Sex mit den Deutschen gab es lange nicht.

Sergei, Koch Was mich an den Deutschen wahnsinnig macht, ist ihr Spareifer. Viele Deutsche leben nach dem Grundsatz »Sparen ist sexy« und verschlafen damit die Freuden des Lebens. Allein das täglich kalte Abendbrot in den deutschen Wohnstuben, während in Russland immer warm gegessen wird, das Kleingeldzählen in Restaurants und in den Einkaufsmärkten – der Russe kann mit diesem kleinbürgerlichen Habitus nichts anfangen. Der Russe lebt nach dem Grundsatz: man lebt nur einmal. Dabei sind die Deutschen ja gar nicht arm, sie haben es nur nicht mit dem Geldausgeben. Richtig gehen lassen sie sich nur im Urlaub, wofür sie das ganze Jahr lang sparen. Das ist ihr Charakter, sie füllen auch alle geflissentlich ihre Steuererklärungen aus, verhalten sich ständig und überall gesetzestreu. Sehr schwierig für uns, damit zurechtzukommen.

Haralampi, Künstler Auf die Frage der eigentlichen Bedrohungsszenarien aus Russland zucken die meisten Deutschen mit der Schulter. Russland plant keinen Eroberungskrieg gegen Deutschland. Russland schädigt die deutschen Wirtschaftsinteressen in keiner Weise. Ja, Russland hat eine kritische Sicht auf die deutsche Innenpolitik. Aber deswegen kann keiner behaupten, dass Russland das deutsche Demokratiesystem zerstören will. Fake News, Hackerangriffe gegen deutsche Politiker – unschön und verwerflich, aber gleich ein feindseliger Akt? Betreibt Deutschland keine Cyberspionage gegen Russland? Gehört Spionage etwa nicht zum Geschäft der Geheimdienste? In keinem Teil der Welt stehen sich russische und deutsche Truppen feindlich gegenüber. In den russischen Medien werden deutsche Persönlichkeiten niemals auf solche Weise beleidigt und dämonisiert, wie russische Politiker in den deutschen Medien. Kein Deutscher sitzt als politischer Gefangener in einem russischen Gefängnis, kein deutscher Staatsbürger ist einem Anschlag seitens russischer Geheimdienste zum Opfer gefallen. Vor welcher Gefahr aus Russland soll sich der Deutsche denn fürchten? Die meisten Deutschen zucken da nur mit den Schultern. Aber sie wissen, was ihnen an Russland missfällt – alles.

Gavriil, Student Die Liste der Kritik an den Zuständen in Russland ist lang: In Russland werden Regierungsgegner verfolgt, sexuelle Minderheiten diskriminiert, Meinungsfreiheit unterdrückt, Opposition verboten, es grassiert eine Korruption, die Wirtschaftskriminalität ist hoch, bei Sportwettbewerben sind russische Sportler gedopt, Russland verfolgt eine neoimperiale Nachbarschaftspolitik, führt Krieg gegen Zivilisten in Syrien, setzt verbotene chemische Kampfstoffe ein, setzt Energieversorgung als Waffe gegen andere Länder ein ... Wie, um Gottes willen, kann diese schlimme Berichterstattung verändert werden?

Andrei, Priester Deutschland sollte sich stärker darüber bewusst sein, dass in Folge von Oktoberrevolution und Weltkrieg Millionen von russischen Emigranten, Zwangsarbeitern und Kriegsgefangenen in ganz Deutschland Kirchen errichteten, seitdem Gottesdienste feiern, Klöster gründen und täglich in Deutschland beten für »diese Stadt, dieses Dorf, dieses Land, die es regieren und beschützen«. Mit den orthodoxen Heiligen kamen auch die Wunder Gottes nach Deutschland zurück. Seit Generationen bezeugen auch ursprünglich ungläubige und nichtorthodoxe Deutsche den Einfluss Gottes in ihrem Leben, ihrer Bekehrung und Taufe. Erinnert sei an den Hamburger Erzpriester Ambrosius Backhaus, dem Christus in der sowjetischen Gefangenschaft erschienen war, der erfüllt mit der Liebe zu Russland in seine deutsche Heimat zurückkehrte und sein Leben fortan als Arzt und Priester der Kirche und den Notleidenden widmete. Heute ist für die meisten russischen orthodoxen Geistlichen und Laien Deutschland zur neuen Heimat geworden. Viele haben deutsche Ehepartner, und nicht wenige von ihnen finden ihre Kirche mit der Zeit in der Orthodoxie. Ohne unsere Verehrung und Lobpreisung und ohne Fürbitten wird der Himmel über Deutschland verschlossen bleiben.

Alevtina,
die Konfliktforscherin

Mit keinem europäischen Land sind die historischen Beziehungen Russlands so verwachsen wie mit Deutschland. Die ersten Kontakte zwischen Deutschen und Russen entstanden, soweit Historiker es verfolgen konnten, in der Zeit des Hansebundes. Deutsche Kaufleute entdeckten die Handelsrouten über die Ostsee und drangen über den Ladogasee bis nach Nowgorod vor, wo sie kostbare Waren aus Sibirien erstanden. Damals vermochte der deutsch-russische Handel nicht, Russland an Europa zu koppeln. Die wirtschaftlichen Verflechtungen waren nicht vorteilhaft genug für beide Seiten. Das Heilige Römische Reich Deutscher Nation war am weit entfernten und fremdartigen Russland nicht wirklich interessiert. Die Kriege um die Vorherrschaft in der Ostsee zwischen den Anrainerstaaten im Spätmittelalter versperrten Handelsschiffen die Routen nach Russland. Das Moskowiter Reich selbst besaß keinen gesicherten Zugang zur Ostsee, ansonsten wäre Russland schon 200 Jahre vor Peter dem Großen zum festen Bestandteil Europas geworden.

Peter I. (regierte 1682–1725) war der wohl bedeutendste Romanov auf dem russischen Kaiserthron. Die Romanov-Dynastie bestand seit Peter dem Großen praktisch aus Zaren und Zarinnen, in denen mehr deutsches als russisches Blut floss. Für Peter war das deutsche Preußen, neben den Niederlanden, ein großes Vorbild bei seinem friedlichen Expansionsdrang nach Europa. Der Zar holte deutsche Technologie und Manufakturwerkstätten nach Russland, ließ in der Nähe Moskaus ein »deutsches Dorf« errichten, wo deutsche Handwerker, Militärs, Lehrbeauftragte und andere Spezialisten an den Rezepten für eine europäische Modernisierung des rückständigen Russlands arbeiteten. Ein Vorläufer des heutigen Technologiezentrums Skolkowo im Gebiet Moskau war geboren. Deutsches Know-how war in Russland immer begehrt, beide Länder hätten aus dieser Tatsache politisch mehr Kapital schlagen müssen.

Nach dem Tode Peters I. im Jahre 1725 wurde seine zweite Frau Katharina, die aus dem deutschen Kurland stammte, Thronnachfolgerin. Elisabeth, eine der beiden Töchter Peters und Katharinas, wurde 1741 Kaiserin von Russland. Ihre Schwester Anna war mit dem deutschen Großfürsten Karl Friedrich von Schleswig-Holstein- Gottorf vermählt. Annas Sohn bestieg 1762 als Peter III. den russischen Thron. Zuvor heiratete er die deutsche Prinzessin Sophie Auguste von Anhalt-Zerbst, die spätere Kaiserin Katharina die Große.

In der Zeit zwischen Peter I. und Katharina II. regierten noch weitere deutschstämmige Herrscher das Riesenland. Iwan V., der Bruder Peters des Großen, hatte zwei Töchter – Anna, die spätere Ehefrau des Fürsten von Kurland, die 1730 Zarin wurde, sowie Katharina, Ehefrau des Großfürsten Leopold von Mecklenburg-Schwerin. Aus letzterer Ehe ging wieder eine Tochter namens Anna hervor, deren Sohn Iwan VI. als Kleinkind 1740–1741 den Zarentitel hielt, unter der Regentschaft seiner Mutter Anna Leopoldowna.

Im Verlauf des gesamten 18. Jahrhunderts standen Dutzende deutscher Würdenträger aus dem Hochadel im Dienst der deutschstämmigen Zaren und Zarinnen, zumeist in Führungspositionen am Hof und in der Armee. Solche Persönlichkeiten waren zum einen Biron, zum anderen Ostermann, zwei deutsche Adelige an der höchsten Spitze der Staatsverwaltung. Doch diese Deutschen drückten Russland den falschen Stempel auf. In die russische Geschichtsschreibung ging die Ära als »dunkles Zeitalter« der Korruption und Günstlingswirtschaft ein. Die Öffnung des Fensters nach Europa durch Peter den Großen wurde von seinen Erben leider verspielt.

Die deutsche Linie an der Staatsspitze wurde im 19. Jahrhundert fortgesetzt. Der Sohn Katharinas II., Paul (regierte 1796–1801), zeugte mit der deutschen Prinzessin Sophie Dorothee von Württemberg den nächsten Zaren, Alexander I. (regierte 1801–1825), der wiederum die deutsche Luise Marie Auguste von Baden heiratete. Alexanders Bruder, der spätere Zar Nikolaus I. (regierte 1825–1855), nahm sich Charlotte von Preußen zur Frau. Die Ehefrau von Alexander II. (regierte 1855–1881), dem Sohn von Nikolaus I., war Marie von Hessen-Darmstadt. Die deutsche verwandtschaftliche Linie setzte sich fort. Nikolaus' Sohn Alexander III. (regierte 1881–1894) heiratete Dagmar von Dänemark. Die Romanov-Dynastie endete mit der Ermordung von Nikolaus II. (regierte 1894–1917) und seiner deutschen Ehefrau Alix von Hessen-Darmstadt durch die Bolschewiken.

Alevtina holt einen Text der russischen Sozialwissenschaftlerin Swetlana Woloschina hervor. Es ist eine vortreffliche Analyse der Rezeption von Deutschen im Russland des 19. Jahrhunderts. Woloschina beschreibt ausführlich, wie die negativen russischen Erfahrungen mit der deutschen Beamtenoberschicht im 18. Jahrhundert Auswirkungen auf die Perzeption der Deutschen in der nachfolgenden Ära hatten. Deutsche wurden in der russischen Literatur des 19. Jahrhunderts als aufgeblasen, selbstverliebt, über die Maßen pedantisch, berechnend und intellektuell beschränkt dargestellt. Interessanterweise hat sich diese Sichtweise bis in die heutige Zeit im Denken der Russen verankert, auch wenn sie dies im offenen Kontakt mit Gegenwartsdeutschen nicht öffentlich kundtun.

Die Franzosen galten in Russland seit dem 18. Jahrhundert als Kulturträger; Französisch und nicht Deutsch wurde am Hof des Zaren gesprochen. Die Engländer betrachteten Russen immer als die besseren Kaufleute und Ingenieure – und das seit 500 Jahren, als die ersten englischen Händler nach Russland kamen. Die Italiener verehrten die Russen als außergewöhnliche Künstler. Deutsche wurden als Bürokraten gesehen, die sich ständig selbst in Gilden oder anderen geschlossenen Gemeinschaften organisierten, Karrieren der eigenen Leute unterstützten, aber sich vor Fremden abschotteten.

Die Deutschen stellten damals die zahlenmäßig größte ausländische Diaspora in Russland dar. Sie galten als karriere- und geldsüchtig, aber gleichzeitig unfähig, die russische Gesellschaft zu verstehen. Prototypen dieses Deutschen sind der Gouverneur von Lembke in Fjodor Dostojewskis »Die Dämonen« oder German in Alexander Puschkins »Pique Dame«. Für die Russen scheinen die Deutschen bis heute oftmals lebensfremd, unnatürlich und kleinbürgerlich.

Die Deutschen sollen den zaristischen Staat selbstsüchtig für Eigeninteressen ausgenutzt haben. Im Roman lässt

Dostojewski seinen Protagonisten Schatow über Deutsche urteilen: »Der Deutsche ist der natürliche Feind Russlands. Deutsche brüsten sich damit, für die Russen etwas Gutes zu leisten. Deutsche schaffen es immer wieder, an die Oberfläche zu schwimmen, aber sie verachten die Russen. Sie saugen die Kräfte Russlands aus.«

Dostojewskis Aussagen über die Europäer und die Deutschen haben an ihrer Bedeutung bis heute nichts verloren. Dostojewski untersuchte die Unterschiede zwischen der introvertierten russischen Geisteshaltung und dem europäischen Egozentrismus einer historischen Zeit, in der die Europäer nach den Siegen über Napoleon mit großen Hoffnungen und Erwartungen auf das neue Miteinander in Europa blickten. Sie wurden allesamt enttäuscht – wie auch die heutigen Europäer, die sich nach dem Ende des Kalten Krieges nach einem friedlichen Europa gesehnt hatten.

Dostojewskis Urteil über Europa könnte ebenso gut von einem heutigen Russland-Kritiker stammen: »Die Europäer sind sich sicher, dass sie uns längst verstanden haben. Zu unterschiedlichen Zeiten wurden von unseren neugierigen Nachbarn ziemlich große Anstrengungen unternommen, uns und unseren Lebensstil zu studieren; Materialien wurden gesammelt, Zahlen, Fakten angehäuft; Forschungen wurden angestellt, wofür wir den Wissenschaftlern zu großem Dank verpflichtet sind, weil ihre Studien für uns selbst großen Nutzen besaßen. Aber alle unzähligen Bemühungen, aus diesen Materialien, Ziffern und Fakten etwas Rationales, Logisches, Wissenschaftliches über den russischen Menschen herauszufiltern, wenigstens etwas synthetisch Relevantes – alle diese Bemühungen stießen stets auf eine unüberwindbare Kraft einer von irgendjemandem bestimmten schicksalhaften Unmöglichkeit. Wenn die Sprache auf Russland kommt, befällt dieselben Menschen, die das Pulver erfunden und so viele Sterne am Firmament gezählt haben, dass sie dachten, sie könnte sie vom Himmel pflücken, eine außergewöhnliche Engstirnigkeit.«

Dostojewski bekräftigt, westliche Schriftsteller (heute sind es die ausländischen Korrespondenten), die das Land Russland erkunden, wissen im Grunde schon, bevor sie nach Russland aufbrechen, was sie schreiben werden. Er erklärt dem Westen: »Wir wissen jetzt, dass wir keine Europäer sein können, dass wir nicht imstande sind, uns in eine westliche Lebensform zu pressen, die Europa aus seinen eigenen nationalen Prinzipien heraus geschaffen und erlebt hat, Prinzipien, die uns fremd und zuwider sind.«

Der Satiriker Michail Saltykow-Schtschedrin legt in seinem Theaterstück einem russischen Jüngling folgende Sätze über die Deutschen in den Mund: »Ihr besitzt eine Kultur, eine Wissenschaft, eine Kunst und freie Lehranstalten. Was ist aber der Haken daran: zu uns kommt ihr gar nicht mit diesen Ideen, sondern richtet bei uns nur Übles an. Wer ist der größte und herzloseste Ausbeuter der russischen arbeitenden Menschen? – Der Deutsche. Wer ist der erbarmungsloseste Pädagoge? – Der Deutsche. Wer ist der primitivste Administrator? – Der Deutsche. Und merke dir eines: im Vergleich zu unserer ist eure Wissenschaft zweitrangig, eure Kunst – ebenfalls, und eure Lehranstalten – sowieso. Nur Neid und Gier existieren bei euch als erste Güte, und da ihr eure Gier absichtlich mit dem Rechtsbewusstsein vermischt, glaubt ihr, dass es euch ansteht, die Welt zu zerstören. Das ist der Grund, warum man euch Deutsche überall hasst, nicht nur bei uns, sondern überall.«

Eine wahrlich erschreckende Charakteristik, die man aber heutzutage in Russland wieder vernimmt, wenn Russen mit Deutschen über die Sinnhaftigkeit universeller liberaler Werte diskutieren und darüber streiten, wer die bessere Moral besitzt. Die Russen wollen sich aber nicht von den Deutschen belehren lassen. Alevtina meint: »Wenn ein Deutscher gegenüber Russen von seinen besseren Werten palavert, zweifelt der Russe die Glaubwürdigkeit dieses Deutschen an.«

In einer Erzählung von Nikolai Lesskow heißt es über Deutsche: »Unter den Deutschen gibt es sogar sehr ehrliche und anständige Menschen, trotzdem sind sie Deutsche … Das ist wahr, aber trotzdem sind sie Deutsche und lieben es, unsere russischen Brüder umzuformen. Also sei wachsam, damit du das über dich nicht ergehen lassen musst.«

Was waren die Gründe für das negative Bild des Deutschen? Die deutsche Kultur war in Russland angesehen, deutsche Literatur auch, deutsche klassische Musik war beliebt. Zu den wenigen Deutschen, die in der russischen Literatur als positive Lichtgestalten auftreten, gehört zweifellos die Person von Stolz im Roman »Oblomow«. Iwan Gontscharow zeigte auf, dass durch die Kreuzung der nationalen Charaktereigenschaften eines Russen und eines Deutschen solche Tugenden wie Durchsetzungsfähigkeit, ehrliches Arbeitsethos und Pragmatismus stärker zur Geltung kommen könnten. Bei aller Missgunst gegenüber den Deutschen im Russischen Reich wurden die Deutschen bewundert für ihre idealistischen Philosophen wie Hegel, Fichte, Schelling, mit deren Schriften ganze russische Generationen aufwuchsen.

Die Sozialforscherin Woloschina bringt es auf den Punkt: Deutsche und Russen trennen unterschiedliche Wertvorstellungen. Die Russen stören sich am normativen pedantischen Rechtssystem der Deutschen. Für die Russen war es in früheren Jahrhunderten abstoßend zu sehen, welchen Stellenwert Finanz- und Kapitalströme in Deutschland hatten. Die Russen rümpften die Nase, wie die Deutschen ihren Reichtum anhäuften. Der praktische Habitus der Deutschen schien mit dem sentimentalen russischen in keiner Weise kompatibel zu sein.

Und schließlich noch ein Zitat von Dostojewski über die Deutschen: »Egal, wie groß der Unterschied zwischen einem gebildeten Deutschen und einem einfachen Deutschen bei Wissen, sozialem Rang und Ausbildung während ihres gemeinsamen Besuches in Russland ist – in Russland angekommen, gleichen sich die Empfindungen aller dieser Deutschen sofort an. Sie vereint ein krankhaftes Gefühl des Misstrauens, eine Furcht einzugestehen, dass sie etwas sehen, was sich radikal von ihren Vorstellungen unterscheidet. Die deutschen Besucher sind vollkommen unfähig dahinterzukommen, dass ein Russe nicht zu einem typischen Deutschen werden kann. Man darf deshalb nicht alles in Russland mit der eigenen Messlatte betrachten. Und abschließend: offenkundig oder verdeckt, aber in jedem Fall besitzt der Deutsche eine überdimensionale Arroganz gegenüber den Russen – das ist die Charakteristik fast jedes deutschen Menschen in seiner Sicht auf Russland.«

Die deutschstämmigen russischen Zaren des 19. Jahrhunderts kritisierten die Verformung des deutschen Charakters in der Literatur und übten sogar Zensur aus. Alevtina, die Konfliktforscherin, glaubt, gerade in dem Stammbaum der Romanovs den Grund dafür zu erkennen, dass bis zum Ausbruch des Ersten Weltkrieges Preußen im Schulterschluss mit Russland stand. Der große deutsche Kanzler Otto von Bismarck war ein ausgewiesener Freund Russlands. Zuvor waren es vornehmlich Russland und Preußen gewesen, die Napoleons Herrschaft über Europa ein Ende setzten (1815). Deutschland und Russland besaßen nach dem Wiener Kongress eine ähnlich restaurative Auffassung von der Gestaltung Europas. Im heutigen Russland fühlt man sich an diese Traditionen erinnert, in Deutschland nicht.

Solche historischen Vergleiche ziemen sich nicht, das ist auch Alevtina bewusst. Aber es macht trotzdem Spaß, sie anzustellen. Gegenwärtige russische Historiker spielen mit dem Gedanken, was passiert wäre, wenn das Deutsche Kaiserreich am Ende des Ersten Weltkrieges Wladimir I. Lenin mit seinen Getreuen aus dem Schweizer Exil nicht in einem verplombten Zugwaggon über Skandinavien ins vorrevolutionäre Russland geschmuggelt hätte. Wäre ohne das überraschende Erscheinen Lenins die Oktoberrevolution überhaupt ausgebrochen? In der sowjetischen Geschichtsforschung durften solche Überlegungen nicht angestellt werden. Heute jedoch schon, weil das postkommunistische Russland sich längst nicht mehr mit der Oktoberrevolution identifiziert.

Die Poeten der Silbernen Epoche in Russland Anfang des 20. Jahrhunderts standen, anders als die russischen Literaten des 19. Jahrhunderts, Deutschland mit Achtung gegenüber. Zu den bekanntesten Werken zählt das Liebesgedicht von Marina Zwetajewa »An Deutschland« (1914):

Germanien, alle Völker hassen
Dich jetzt und hetzen gegen dich.
Ich aber will dich nie verlassen.
Verraten gar – wie könnte ich?

Nie war dies meine Überzeugung,
Dies: Aug' um Auge, Zahn um Zahn,
Germanien, meine tiefste Neigung,
Germanien, ach, mein edler Wahn!

Ich halte nicht zu deinen Schergen,
mein arg gehetztes Vaterland,
Wo immer noch der Königsberger
Spaziert: der schmalgesicht'ge Kant,

Und Goethe wandelt durch Alleen
– sein Städtchen ist kaum mehr bekannt –
Er sinnt, lässt seinen Faust entstehen,
Hält den Spazierstock in der Hand.

Wie könnte ich mich von dir wenden,
Germanien, mein lichter Stern,
Denn meine Liebe nicht verschwenden,
halb Lieben hab ich nicht gelernt!

Erfüllt von deinen ew'gen Liedern,
Hab ich für Sporenklirrn kein Ohr,
Mein Heil'ger sticht den Drachen nieder
In Freiburg an dem Schwabenthor.

Nie werde ich von Hass erbeben,
Weil Wilhelms Schnurrbart aufwärts zackt.
Verliebt in dich, solang ich lebe,
Schwör ich dir ew'gen Treuepakt.

Nein, weiser, magischer und tiefer
Ist keins, du reich beschenktes Land,
Wo Loreley von hohem Schiefer
Die Schiffer schlägt in ihren Bann.

Nach dem Ende des Deutschen Reiches stand die junge Weimarer Republik auf der Kippe. Die neuen Machthaber in Moskau – Lenin und Trotzki – ließen nichts unversucht, eine sozialistische Revolution im benachbarten Deutschland anzuzetteln. Hätten sie Erfolg gehabt – Europa wäre rot geworden. Die kommunistische Revolution scheiterte, aber deutsche und russische Interessen trafen sich auf einer ganz anderen Ebene wieder, als es darum ging, die Isolation der beiden Staaten in Europa, in die sie von den Siegermächten in der Versailler Nachkriegsordnung hineingedrängt worden waren, durch gemeinsames Handeln zu überwinden. Der Geist von Rapallo wurde geboren (1922), verflog allerdings mit der Machtübernahme Adolf Hitlers (1933). Für Hitler war der sowjetische Bolschewismus der gefährlichste Feind, den es mit allen Mitteln zu bekämpfen galt. Den Krieg gegen das »bolschewistisch-jüdische Russland« wollte er mehr als die Okkupationen der anderen europäischen Länder.

Die westliche Geschichtsschreibung der Nachkriegszeit, von den Siegermächten geschrieben, sieht den Hitler-Stalin-Pakt (1939) als den Auslöser des Zweiten Weltkrieges. Zwei Bestien – Hitler und Stalin – hätten sich Osteuropa unter den Nagel gerissen. Alevtina interessiert hier die russische Auffassung. Sie ist ebenfalls historisch legitim. Russland erinnert daran, dass es die westlichen Entente-Mächte waren, die die Versailler Friedensordnung in Europa diktierten (1919). Deutschland und das kommunistische Russland zählten zu den Verlierern. Doch sie errangen ihre Stärke zurück. Die Siegermächte spekulierten in der Zwischenkriegszeit, dass der sowjetische Bolschewismus und der deutsche Nationalsozialismus sich gegenseitig zerfleischen würden.

Dass Stalin durch seine Säuberungen Millionen von seinen Landsleuten umbringen ließ, ist unumstritten. Doch der sowjetische Diktator war kein politischer Vollidiot. Wie Hitler, war Stalin ein Geschädigter der Versailler Ordnung. Als Großbritannien und Frankreich, mit denen Russland noch vor 1939 eine Einheitsfront gegen den Aggressor Hitler bilden wollte, aus den Verhandlungen austraten, ergriff der sowjetische Diktator die Gelegenheit, seine Ansprüche in Europa und die Revision von Versailles mit Hilfe von Hitler durchzusetzen.

Mit der Unterzeichnung des Nichtangriffspaktes verlangsamte er die Kriegsvorbereitungen Hitlers gegen die Sowjetunion. Wichtiger war für Stalin die Reintegration der nach dem Zusammenbruch des Zarenreiches verlorenen osteuropäischen Territorien in die Sowjetunion. Die deutsch-sowjetische Grenze im September 1939 fiel nun ungefähr mit jener Curzon-Linie zusammen, die seitens der Versailler Siegermächte als polnisch-sowjetische Grenze gezogen, wegen des späteren polnischen Angriffs auf die UdSSR (1920) jedoch viel weiter nach Osten verschoben wurde. Nachdem Stalin gesehen hatte, wie Hitler – ohne daran gehindert zu werden – die Versailler

Friedensordnung in Europa zerstörte und sich verlorene Gebiete wiederaneignete, tat er es ihm gleich.

Die Folge war, dass die kleinen osteuropäischen Staaten, die nach dem Zerfall der alten Imperien durch Versailles ihre Unabhängigkeit gewonnen und einen Cordon sanitaire gegen Deutschland und die Sowjetunion gebildet hatten, ihre Selbständigkeit wieder verloren. Heute sind diese Staaten, nachdem sie 1945–1990 unter der Kontrolle der Sowjetunion gestanden hatten, wieder frei – aber in der EU und in der NATO wieder gegen Russland gerichtet. Sie bilden heute denselben Cordon sanitaire, wie sie es vor dem Krieg getan hatten.

Das Unternehmen Barbarossa markierte einen totalen Bruch in den jahrhundertelangen engen Beziehungen zwischen Russland und Deutschland. Auch heute noch kann man in Russland hören: »Wie konnte es so weit kommen, dass das hochgebildete Volk der Dichter und Denker, die Nation von Goethe und Schiller, sich zu einer solchen Schandtat hat hinreißen lassen können, einen Vernichtungskrieg gegen slawische Untermenschen zu führen?« Die deutschen Juden hatten die Bedrohung, die von Hitler ausging, lange nicht wahrgenommen. Auch für Russland war das, was ihnen von einem zuvor zivilisierten Deutschland widerfuhr, unbegreiflich.

Die Russen hatten den glühenden Hass, der sich zu bestimmten Momenten im Westen gegen sie aufgestaut hatte und dann propagandistisch umgesetzt wurde, unterschätzt. Richard Moeller veröffentlichte kurz vor Ausbruch des Krieges das Buch »Von Rurik bis Stalin« – ein kurzlebiges Standardwerk über Russland zur Zeit des Nationalsozialismus. Er wurde dafür von der Roten Armee inhaftiert und starb an den Folgen der Lagerhaft. So charakterisiert der damalige deutsche Historiker die Russen:

»Diese Rasse, blond, vielfach aschblond, grau- bis blauäugig, mit ziemlich kurzem, eckigem Schädel, flachem, grobknochigem Gesicht, in dem die breite Nase auf eingedrücktem Sattel wie aufgestülpt sitzt, mit mittelgroßer, untersetzter Gestalt, ist eine gut ausgebildete Rasse für sich im europäischen Rassenkreis, die ostbaltische oder osteuropide. Ein ruhiges Ackerbauvolk ist dies älteste russische Volk gewesen, etwas primitiv in seinen ganzen Lebensformen, von ziemlich stumpfem, phlegmatischem Temperament. Die passive, überaus leidensfähige Art des russischen Volkes, die in seiner Geschichte immer wieder hervortritt, geht auf diese rassische Uranlage zurück. Dem großen Durchgangsraum von Osten nach Westen und von Westen nach Osten entspricht diese weiche, russische Art, die sich den härter ausgeprägten, temperamentvolleren Herrenvölkern des Ostens und des Westens immer wieder fügte, dabei aber die eigene Art doch bewahrte und in großen Stürmen nicht zugrunde ging …«

Kein Wunder, dass eine solche deutsche Propagandakultur die Völkerverständigung vollkommen zerstörte. Als die Russen 1945 vor Berlin standen, wollte die Nazi-Führungselite vor den USA und Briten, aber, aus Angst vor Vergeltung, nicht vor den Russen kapitulieren.

Nach dem Zweiten Weltkrieg wurde Deutschland zwischen den Siegermächten aufgeteilt. Das entsprach den Bestimmungen der Konferenzen von Jalta und Potsdam (1945). Das heutige westliche Narrativ sagt, dass die Westalliierten im Kalten Krieg die Bundesrepublik vor der Sowjetunion beschützt hätten. Deswegen sei Westdeutschland Bestandteil der Europäischen Wirtschaftsgemeinschaft und der NATO geworden. Doch war die sowjetische Führung damals tatsächlich so aggressiv gegen Westdeutschland eingestellt? Trachtete der Kreml damals danach, die BRD, nebst DDR, seinem Herrschaftsbereich anzugliedern?

Sieben Jahre nach Kriegsende bot die UdSSR Deutschland völlig überraschend die Wiedervereinigung an, unter der Bedingung, dass das wiedervereinigte Deutschland nicht Mitglied der NATO sein dürfe. Die USA lehnten ab, die Bundesregierung sah in der Stalin-Note einen gefährlichen Trick. Doch das sowjetische Angebot offenbarte auch – die sowjetischen Archive müssten dahingehend noch genauer gesichtet werden –, wie Moskau seinen Nachbarn Deutschland auf der Höhe des Kalten Krieges betrachtete: als potenziellen europäischen Verbündeten, mit dessen Hilfe man die angelsächsische Achse in Europa hätte aushebeln können.

Für die gewieften Denker in den geopolitischen diplomatischen Schulen in Moskau war Deutschland seit dem 18. Jahrhundert ein Schlüsselland. Daran hat sich auch im 21. Jahrhundert wenig geändert. Das heutige Deutschland, das sich hinter der Europäischen Union und – aus historisch nachvollziehbaren Gründen – der NATO versteckt, sollte zumindest das russische Anliegen kennen. Teilen muss Berlin die russische Strategie keinesfalls. Aber Rückschlüsse auf die künftige gesamteuropäische Lage daraus zu ziehen dürfte deutschen Diplomaten auch nicht schaden.

Die zweite Hälfte des 20. Jahrhunderts bedeutete praktisch verlorene Jahrzehnte für die deutsch-russischen Beziehungen. Europa wurde fast 50 Jahre lang fremdbestimmt – von den Amerikanern und den Sowjets – und war gespalten in unterschiedliche Gesellschaftssysteme, Militärblöcke und Ideologien. Das geteilte Deutschland gab seine ehemalige Stellung als europäische Mittelmacht ab. Westdeutschland integrierte sich in die Nordatlantische Verteidigungsallianz und die transatlantische Gemeinschaft. Die deutsche Russlandpolitik wurde zum großen Teil in Washington bestimmt.

Während die Sowjetunion in der DDR den Sozialismus errichtete und damit zahlreiche überzeugte deutsche Kommunisten integrierte, die nach der Verfolgung durch die Nazis ihre Träume jetzt verwirklicht sahen, wurde die BRD vollständig dem Westen inkorporiert. Dies geschah einerseits über die von den Siegermächten USA und Großbritannien verfügte Demokratisierung von Politik und Gesellschaft. Andererseits erzeugte die amerikanische Wirtschaftshilfe durch den Marshallplan in Deutschland ein Wirtschaftswunder, das in der deutschen Geschichte einmalig war. Seitdem kennt die Dankbarkeit der Westdeutschen gegenüber den Amerikanern keine Grenzen. Die Deutschen können sich eine Existenz ohne die Schutzmacht USA nicht vorstellen.

Allerdings gehörte die Bundesrepublik im Kalten Krieg nicht zu den erbittertsten Gegnern der Sowjetunion. Ende der sechziger Jahre begann zwischen den westdeutschen Sozialdemokraten und der Sowjetunion eine historische Aussöhnung und Annäherung, die zum Abschluss der sogenannten Ostverträge führte. Für die Bonner Regierung war das Hauptaugenmerk auf die Wiedervereinigung mit der DDR gerichtet. Man wusste, dass dieses Ziel niemals durch eine militärische Lösung, sondern nur über eine Entspannungspolitik zu erreichen war. Die Politik der Annäherung wurde dem kommunistischen Russland damit versüßt, dass die europäische Wirtschaftsmacht Deutschland den Ostblockstaaten eine Politik des Wandels durch Handel vorschlug.

Über Kooperation in Wirtschaftsfragen (Rohstoffe für Technologie) wurden gegenseitige wirtschaftliche

Abhängigkeiten zum beiderseitigen Vorteil geschaffen. Die Sowjetunion wurde beispielsweise zum wichtigsten Erdgaslieferanten für Westeuropa und half mit ihren Energiestofflieferungen, das strenge Ölexportmonopol der arabischen OPEC-Länder zu umgehen. Dafür lieferte der Westen, allen voran deutsche Konzerne, den Sowjets die notwendige Technologie, und die Großbanken gaben dem Kreml die erforderlichen Kredite.

Die Energie-Allianz währte ein halbes Jahrhundert. Sie könnte zur Mitte des 21. Jahrhunderts aber in Frage gestellt werden, weil die Europäische Union alle ihre Abhängigkeiten vom Energie-Import auflösen und zur hundertprozentigen Nutzung von regenerativen Energieträgern übergehen möchte. Ob der EU die totale Entkopplung ihrer Volkswirtschaften und Industriegesellschaften von Kohle, Öl, Erdgas und Atom gelingt, steht noch in den Sternen. Allerdings scheint es heute ziemlich sicher, dass die EU sich bis 2050 in eine dominant grüne Wirtschaft verwandeln möchte und sich die Energieallianz mit Exporteuren fossiler Brennstoffe nicht mehr lohnen wird.

Russland muss sich darauf einstellen, dass der lukrative europäische Energie-Absatzmarkt verloren geht. Da die historischen Bindungen zwischen Russland und Deutschland über die Allianzen im Energiesektor veranlasst wurden, müssten beide Völker nach einem neuen gemeinsamen Nenner suchen, der die geschichtliche Annäherung fortsetzen würde. Die positive Antwort darauf muss nicht nur in Moskau, sondern auch in Berlin gefunden werden.

Der Fall der Berliner Mauer, das Ende des Kalten Krieges, der Zerfall der Sowjetunion, das Ende des Kommunismus, die deutsche Wiedervereinigung, die Einheit

Europas – diese spannende und dramatische Zeit hat in tausenden von Geschichtsbänden ihren Niederschlag gefunden. Die NATO und der zerfallene Ostblock einigten sich auf eine neue Ordnung in Europa – basierend auf den Prinzipien der Pariser Charta. Die Pariser Charta-Ordnung löste die alte Jalta-Ordnung ab, zur Freude des Westens und der ehemaligen Satellitenstaaten der Sowjetunion.

Doch recht bald verstand Moskau, dass Russland vom Westen eine zweitrangige Rolle in Europa zugeteilt wurde. Auch darüber sind unzählige Studien verfasst worden. Die russischen Gegenargumente zur westlich dominierten europäischen Ordnung sind allseits bekannt. Die Frage, die sich stellt, ist diese: Kann die europäische Architektur demnächst so korrigiert und aus der Schieflage herausgeholt werden, dass Russland – wie Deutschland – vollwertig in Europa integriert werden kann und Europa ein wirklich funktionierendes sicherheitspolitisches Regelwerk erhält? Um dieses Ziel zu erreichen, muss entweder Russland in die NATO aufgenommen oder die NATO aufgelöst und durch einen europäischen Sicherheitsrat ersetzt werden. Beides erscheint heute völlig illusorisch. Dementsprechend werden sich die sicherheitspolitischen Konflikte in Europa verschärfen.

Deutschland hat das Schlimmste gegenüber Russland verhindert. Auf dem NATO-Gipfel 2008 versuchten die USA, eine NATO-Erweiterung auf die Ukraine und Georgien durchzusetzen. Deutschland stellte sich mit Frankreich quer. Schon in den Kanzlerschaften von Helmut Kohl und Gerhard Schröder hat Deutschland verstanden, dass eine NATO- sowie EU-Osterweiterung gegenüber Russland, das weder im einen noch im anderen

Bündnis Mitglied werden konnte, abgefedert werden musste. In den Zeiten von Kohl und Schröder existierte ein sogenannter Troika-Mechanismus, der es Russland erlaubte, sich in europäischen Sicherheitsfragen mit Deutschland und Frankreich abzustimmen. Merkel hat ihn verworfen.

In den russischen Eliten und der russischen Bevölkerung begann sich das Bild der Deutschen zum Positiven zu entwickeln. Welcher Sowjetbürger kennt nicht den Kultfilm »Siebzehn Augenblicke des Frühlings«, in dem der sowjetische Doppelagent Stierlitz die Führung Nazi-Deutschlands ausspioniert und Stalin mit geheimen Informationen zum Sieg verhilft. Der mehrteilige Kriegsfilm war ein Straßenfeger, Generationen von Russen formten sich ihr Bild von den Deutschen aus diesem Spielfilm. Nach der Wende kam es zum Anstieg von Bekanntschaften zwischen Deutschen und Russen, die allmählich das Image des Deutschen – weg vom Stereotyp des Faschisten – zur Normalität verändern halfen.

Vor dem Beitritt der ehemaligen Warschauer-Pakt-Staaten hatten sich NATO und EU weg von der militärischen Konfrontation und hin zu einer Partnerschaft mit Russland entwickelt. Doch dann rückten die osteuropäischen Staaten mit ihrer Russophobie und Amerika-Hörigkeit in die westlichen Institutionen vor. Sie beendeten die Phase der westlichen Entspannung mit Russland. Die Osteuropäer wurden zu Verfechtern einer rigorosen Eindämmung russischen Einflusses. Und das ausgerechnet zu dem Zeitpunkt, als die NATO und Russland ein Raketenabwehrsystem gegen mögliche Angriffe aus dem Iran oder Nordkorea gemeinsam hätten installieren können, um mehr Vertrauen aufzubauen. Warum hat Deutschland nie einen solchen Vorschlag gemacht?

Die Bundesrepublik verhielt sich während dieser Fehlentwicklung der europäischen Sicherheitsarchitektur einfach unaufmerksam. Bald war alles zu spät. Während die skandinavischen EU-Länder noch versuchten, mit Russland in der Ostsee-Initiative zu kooperieren, um in dieser Region Frieden und Stabilität zu schaffen, suchten die Osteuropäer mit ihrer Initiative – der »Östlichen Partnerschaft« der EU (die die westlichen Ex-Sowjetrepubliken enger zu assoziieren suchte) – Russland von Europa abzuschotten. Niemand wollte scheinbar die Chance der gesamteuropäischen Einheit wahren. Es folgte der Konflikt in der Ukraine 2014. Kiew wurde vor die Wahl gestellt, sich entweder der EU anzunähern und Russland den Rücken zu kehren, oder aber der Eurasischen Wirtschaftsunion unter russischer Führung beizutreten und dann jegliche Perspektive für eine Integration mit dem Westen zu verlieren. Die Ukraine spaltete sich in Folge der Auseinandersetzungen, es kam zu Massenprotesten westlich orientierter Ukrainer auf dem Maidan, zum Staatsstreich gegen den pro-russischen Präsidenten, zur russischen Annexion der Krim, zum Bürgerkrieg in der Ostukraine, zu Sanktionen gegen Russland, russischen Folge--Sanktionen gegen europäische Unternehmen, die jahrelang ihr Geld auf dem russischen Markt verdient hatten. Manche Beobachter fühlten sich mit Schrecken an den vergangenen Kalten Krieg erinnert.

Bedauerlicherweise entwickelte sich die Geschichte des europäischen Kontinents nicht in die Richtung, wie nach der friedlichen Zeitenwende 1989–1991 erhofft. Eine Rückkehr in die Zeit, als die Pariser Charta konzipiert worden war, ist heute nicht möglich. Die USA, immer noch westliche Führungsmacht, erachten Russland, neben dem aufsteigenden China, als Bedrohung für die Sicherheit des Westens und unternehmen alles, um Moskau klein und aus Europa heraus zu halten.

Alevtina fragt: »Sehen die Deutschen in ihrer geopolitischen Blindheit denn gar nicht, dass die USA eine Sonderbeziehung zwischen Moskau und Berlin niemals tolerieren werden, weil sie ihren nationalen Interessen zuwiderläuft? Denn einzig und allein in Deutschland ist eine Bevölkerungsmehrheit noch positiv gegenüber Russland eingestellt.« Die Amerikaner waren diejenigen, die in der Ukraine-Krise die Kampagne gegen sogenannte Russlandversteher in Deutschland lostraten. Sie wussten, wenn den Deutschen ihre Sympathien abhandenkommen würden, hätte Russland seinen Anwalt im Westen endgültig verloren.

Doch auf welcher Grundlage kann künftig eine Verständigung stattfinden? Erschwerend kommt hinzu, dass jetzt die russische Seite auf stur geschaltet hat. Russland sieht keine positiven Anhaltspunkte mehr, eine strategische Partnerschaft mit der EU oder der NATO fortzusetzen. Jegliches Vertrauen scheint in den Krisen der vergangenen Jahre verloren gegangen zu sein. Beide Seiten warten darauf, dass das Gegenüber zu schwächeln beginnt. Russland hofft auf eine Dezentralisierung der EU, die es Moskau ermöglichen würde, mit kooperationswilligen Staaten bessere Beziehungen aufzunehmen. Die EU spekuliert auf einen Systemwechsel in Russland und sieht in der jüngeren Generation, der man eine grundsätzliche pro-europäische Weltsicht nachsagt, den Partner für die Zukunft.

Das sind keine funktionalen Strategien. Mit destruktiven Ideen schafft man kein prosperierendes und stabiles Europa. Gerade Deutschland sollte Russland für Europa erhalten. Die Bundesrepublik muss die osteuropäischen Nachbarstaaten davon überzeugen, dass ein Streit mit Russland den Frieden auf dem gesamten Kontinent gefährdet. Das Konzept eines gemeinsamen europäischen Hauses von Lissabon bis Wladiwostok darf nicht in der historischen Versenkung verschwinden. Die Alternative, die EU in der transatlantischen Gemeinschaft von Vancouver bis Donezk (ohne Russland) aufgehen zu lassen, entspricht nicht dem Geist und auch nicht dem Gedanken der europäischen Einheit. Es wäre ein amerikanisches, aber kein selbständiges Europa.

Wie schwer ist es doch, die Teilung Europas in Ost und West, die im Jahre 1054 durch das große Schisma erfolgte, zu beheben. Byzanz – Heiliges Römisches Reich; Orthodoxie – Katholizismus; Absolutismus – Aufklärung; Kommunismus – Kapitalismus; Unfreiheit – Menschenrechte; Traditionen – liberale Moderne: Europa hat sich seit einem Jahrtausend stets zweiteilig entwickelt und wächst auch im 21. Jahrhundert nicht zusammen, obwohl es historisch zusammengehört. Aber Europa steht vor Herausforderungen ganz anderer Art. Es ist von seiner Bedeutung her nicht mehr der Nabel der Welt. Das Zeitalter Asiens bricht unwiderruflich an, Europas Zivilisation verliert allmählich ihren alten Führungsanspruch in der Weltpolitik. Die Rettung Europas liegt – und das sehen die Russen viel besser als die Deutschen – in der natürlichen Einheit Europas vom Atlantik bis zum Pazifik.

Die EU kann versuchen, sich um noch so viele kleine Staaten in Osteuropa und im postsowjetischen Raum zu erweitern, um den anderen aufkommenden Mächten in der multipolaren Welt Paroli zu bieten – die Kraft dazu wird sie kaum mehr besitzen, weder wirtschaftlich noch militärisch. Schon jetzt machen sich China und Russland über das »Museum Europa« oder »die alte Oma Europa« lustig. Das sind typische Aussagen in Russland.

Die demographische Entwicklung Europas verheißt dahingehend auch nichts Gutes. Auch von Amerika ist für die Europäer kaum Hilfe zu erwarten, wie das nach dem Zweiten Weltkrieg noch der Fall war. Die USA gehen ihren eigenen Weg des »America First«. Die Russen fragen sich: Wann erkennt Deutschland endlich, dass die Russen gute Freunde Europas und potenzielle Verbündete sind? In Russland vernimmt man des Öfteren: »Wir mögen euch Deutsche ... während Briten, Polen und Holländer euch immer noch hassen.«

Alevtina meint zum Schluss ihres Gesprächs mit uns, dass es den russischen Entscheidungsträgern langsam dämmert, dass sie von Deutschland wenig erwarten können. Die deutschen Eliten bleiben ihrer transatlantischen Orientierung nicht nur treu, sie wollen diese sogar unter dem neuen US-Präsidenten Joe Biden stärken. In der deutschen Bevölkerung mag dies anders gesehen werden. Dort halten nur 39 Prozent der Bürger die Beziehungen zu den USA für wichtiger als die zu Russland. Trotzdem will Deutschland eine gemeinsame Wirtschaftszone zwischen Europa und Amerika erschaffen – die TTIP. Alevtina beklagt, dass die Idee eines gemeinsamen Raumes zwischen der EU und der Eurasischen Wirtschaftsunion dagegen wenig Anklang findet. Sie will das ändern.

Ihr ist es nicht entgangen, dass deutsche Spitzenpolitiker inzwischen das Vokabular der Russland-kritischen Polen und Balten übernommen haben. Moskau wird als Gegner betrachtet. Auch die Deutsche Ursula von der Leyen an der Spitze der EU-Kommission ist eine entschiedene Kritikerin der russischen Politik, stärker noch als ihre Vorgänger. Die Eliten in Moskau resignieren. In ihren Kreisen wächst die Enttäuschung gegenüber Deutschland – einem Land, auf das sie so große Hoffnungen gesetzt hatten. Es wird den Russen wohl nichts anderes übrig bleiben, als mit den ungeliebten Amerikanern über ihre Beziehungen zum Westen zu verhandeln.

Volodja,
der wehrhafte Diplomat

Als sich Mitte der neunziger Jahren nach dem Ende des Kalten Krieges Menschen aus Ost und West in den Armen lagen, prognostizierte der scheidende russische Botschafter im wiedervereinigten Deutschland so leise, dass ihn kaum jemand hören konnte: »Wir werden vermutlich mit den Deutschen nicht lange Freunde bleiben. Ich fürchte den deutschen Revanchismus, wenn Deutschland sich wieder als Oberhaupt Europas fühlt.« Und ein anderer russischer Diplomat ergänzte: »Jahrelang mussten westdeutsche Diplomaten vor den Sowjets buckeln; bald werden sie dafür Rache nehmen und keine Gelegenheit auslassen, um uns, russischen Diplomaten, eins vor das Schienbein zu treten.«

Russlands post-sowjetische Politiker aus dem demokratischen Lager widersprachen solchem Gerede heftig. Sie waren zutiefst davon überzeugt, dass die Deutschen lange Zeit in einem Dankbarkeitskomplex wegen der Beihilfe Moskaus für die Wiedervereinigung verharren und mit Russland sympathisieren würden. Die deutsch-russische Gegnerschaft aus dem Kalten Krieg war ja mit der deutschen Einheit verschwunden. Russland hatte den Deutschen die Wiedervereinigung ermöglicht und danach binnen weniger Monate alle sowjetischen Streitkräfte aus Deutschland und Osteuropa abgezogen.

Der frühere Feind war für immer entschwunden, Deutschland konnte die Friedensdividende für den wirtschaftlichen Aufbau Ostdeutschlands einstreichen.

Die Russen stellten durch die sich anbahnende Freundschaft mit Deutschland die Weichen für ein künftiges friedliches Miteinander in Europa. Die postkommunistische Führung Russlands war überzeugt, mit Hilfe des strategischen Partners Deutschland eine Heilige Allianz demokratischer Staaten auf der Nordhalbkugel zu schaffen. Russland versuchte, sich der Bundesrepublik und dem Westen als Verbündeter im künftigen Nord-Süd-Konflikt anzudienen.

»Wir Russen werden Deutschland für die Wirtschaftshilfen in der sozialen Notlage nach dem Untergang der Sowjetunion ewig dankbar sein«, versprachen die neuen demokratischen Führer im Kreml. Michail Gorbatschow wurde zum beliebten Politiker in Deutschland, Boris Jelzin legte mit der »Saunafreundschaft« zu Kanzler Kohl die Grundlagen für eine strategische Partnerschaft zwischen beiden Ländern. Die deutschen Medien belächelten zwar diese »Saunafreundschaft«, in Russland wurde Kohl hingegen als Anwalt russischer Interessen im Westen betrachtet. Jelzin vertraute Kohl mehr als anderen ausländischen Staatsführern. Er war sich sicher, dass der Bundeskanzler ihn niemals hintergehen würde.

In jener romantischen Zeit pilgerten Heerscharen von russischen Politikern, Geschäftsleuten, Wissenschaftlern, Künstlern und Journalisten in die Bundeshauptstadt Bonn. Viel Geld floss in Konferenzen, gemeinschaftliche Projekte und Programme zur Völkerverständigung. Ost und West hatten sich, nach einem Jahrhundert Trennung, eine Unmenge zu erzählen. Die russischen Gäste hörten genau auf die Ratschläge aus Deutschland und sogen gierig den westlichen Lebensstil auf. Sie wollten den Westen so schnell wie möglich kopieren, sie träumten davon, bald zu Hause genauso leben zu können wie die Deutschen.

Allerdings gefiel den Russen nicht alles, was sie von den Deutschen im Laufe der nächsten Jahre an Ratschlägen zu hören bekamen. Sie echauffierten sich darüber, dass das Thema Beutekunst, also die unverzügliche Rückgabe der von der Roten Armee aus dem besetzten Deutschland entwendeten Kulturgüter, für die deutsche Seite zur Bedingung für ein gutes Verhältnis zu Russland wurde. Kohls massives Drängen auf die Gründung einer autonomen Wolga-Republik für Russlanddeutsche fand man in Russland unangemessen. Um Kohl für weitere Hilfsleistungen freundlich zu stimmen, lieferte der Kreml Deutschland den Ex-Staatschef der DDR, Erich Honecker, aus. Moskau war gleichgültig, was mit seinem ehemaligen Verbündeten geschah – sollte er doch in der Bundesrepublik für seine Verbrechen vor Gericht gestellt werden.

Doch insgesamt wurde Deutschland tatsächlich immer mehr zum Vorbild für Russland. Das Interesse war in der gesamten russischen Gesellschaft unverkennbar. Früher gab es in der DDR den berühmten Spruch: Von der Sowjetunion lernen heißt siegen lernen. Nun war der Kommunismus zu Grabe getragen, und im Umkehrschluss hieß es jetzt: Von Deutschland lernen heißt siegen lernen. Dass Deutschland die historische Chance eines Bündnisses mit Russland nicht nutzte und stattdessen weiter die Nibelungentreue zu Amerika und der NATO beibehielt, weckt in Russland bis heute Unverständnis.

Doch schon bald darauf begann den Russen ein eiskalter Wind ins Gesicht zu wehen – deutsche Machtansprüche waren durch die Wende keineswegs erloschen. Die Kataklysmen der Geopolitik beherrschten schon in den neunziger Jahren das neugeschaffene Europa. Russische Politiker protestierten, als ihnen vorgehalten wurde, mit dem Begriff »nahes Ausland« die alte russische Einflusssphäre in den postsowjetischen Republiken wiederherstellen zu wollen. Den russischen Partnern stand die Zornesröte im Gesicht: »Selbstverständlich wird Russland mit Völkern, mit denen man Jahrhunderte in einem Imperium zusammengelebt hat, ein gebührendes Integrationsmodell für die Zukunft suchen.« So mancher Besucher aus Moskau wurde gegenüber Deutschland noch deutlicher: Russland habe Deutschland die Wiedervereinigung geschenkt, warum unterstütze Deutschland nicht die Idee der Wiedervereinigung Russlands mit den Bruderländern Ukraine und Belarus?

Als ein deutscher Experte kurz nach der Wende das Wort von der NATO-Osterweiterung gebrauchte, wurde er von seinen russischen Kollegen scharf zurechtgewiesen. Eine Eröffnung von NATO-Basen auf dem früheren Territorium der Sowjetunion provoziere einen Dritten Weltkrieg. Immer wieder richteten russische Gesprächspartner den Appell an Deutschland, eine NATO-Osterweiterung zu verhindern. Sie redeten den Deutschen förmlich ins Gewissen: Wir Russen wollen gerade mit euch Deutschen in Frieden leben, warum drängt ihr mit der NATO an unsere Grenzen?

Der einfache Russe war strikt gegen die NATO-Osterweiterung. Russland habe den Westen niemals angegriffen, Russland selbst wurde vom Westen viermal, praktisch alle hundert Jahre angegriffen: Im 17. Jahrhundert von den Polen, im 18. Jahrhundert von den Schweden, im 19. Jahrhundert von den Franzosen, im 20. Jahrhundert von den Deutschen. Und im 21. Jahrhundert wurde Russland von NATO-Basen umzingelt. Russland fühlte sich bedroht, was der Westen nicht verstehen wollte.

Seit jener Zeit ist ein Vierteljahrhundert vergangen. Die Gespräche von damals sind nur Wenigen in Erinnerung geblieben. Sie stammen wie aus einer anderen Epoche. Die Geschichte Europas schlug einen anderen Weg ein, als sich viele Beobachter nach der Wende erhofften. Zahlreiche Friedens- und Völkerverständigungskonferenzen wurden abgehalten – leider umsonst. Im Sommer 2020 standen Russland und der Westen wieder vor dem Scherbenhaufen ihrer Beziehungen. Der Ukraine-Konflikt 2014 hatte den Höhepunkt der Auseinandersetzungen gebildet. Der Fall Nawalny vertiefte den Graben zwischen beiden Seiten stetig weiter.

Im Spätsommer 2020 lud das Deutsch-Russische Forum zu einer coronabedingt kleinen, aber feinen Expertenrunde ein. Volodja war froh, trotz strenger Hygieneverordnungen und Abstandsregeln, dabei sein zu dürfen. Vor Corona ließ er keinen Empfang aus. Doch jetzt hatte die Pandemie dieser Berliner Art der Geselligkeit einen Riegel vorgeschoben. Früher sah man sich in der Hauptstadt mehrmals täglich: Dieselben Gesichter, derselbe Small Talk, die Gerüchteküche brodelte, Netzwerke wurden gesponnen ... Die Berliner Polit-Partyszene war eine Pflichtveranstaltung für jeden, der in der Hauptstadt Karriere machen wollte.

Anlässe zur Kommunikation gab es mehr als genug: beginnend mit dem Energiefrühstück mit Wirtschaftsvertretern in der unmittelbaren Nähe zum Reichstag – mit

Blick auf das Brandenburger Tor. Die Presse verschmähte das frühmorgendliche Treffen als Lobbyisten-Frühstück. Trotzdem kamen Journalisten hinzu. Mittags traf man sich beim politischen Brunch einer bekannten Denkfabrik im Tiergarten. Manchmal, wenn die Fenster zum Lüften geöffnet wurden, ertönte aus dem naheliegenden Zoo das Brüllen der Löwen. Schließlich, bei Einbruch der Dämmerung, beeilte sich die außenpolitische Community zum Kamingespräch in eine nahegelegene politische Stiftung. Dort gab es zwar keinen echten Kamin, aber dafür saßen wichtige Regierungsmitglieder und Bundestagsabgeordnete in der ersten Reihe, die sich gar nicht kontaktscheu zeigten.

Wer vom Networking noch nicht genug hatte und meinte, nicht hinreichend gesehen worden zu sein oder selbst nicht genug Wichtige gesehen zu haben, besuchte eine der zahlreichen Vortragsveranstaltungen. Auf den anschließenden Stehempfängen schmeckte das Catering-Essen besonders lecker, tausende von Visitenkarten wechselten den Besitzer, landeten in den Jackentaschen oder im Mülleimer. Aber die Kontaktbörse florierte. Die diplomatischen Vertretungen konkurrierten um die höchste kulinarische Kunst.

Und dann, urplötzlich, kam der Bruch – die Pandemie. Das Berliner Milieu war wie ausgestorben. Volodja schimpfte über den Lockdown, die vielen Kontaktsperren, den Vermummungszwang bei den wenigen übriggebliebenen Events. Einige seiner Kollegen erkannte er aufgrund der Größe ihrer Gesichtsmaske nicht sofort wieder.

An einem Tag, noch bevor die zweite Corona-Welle Berlin erschütterte, stand Volodja mit einem Sektglas in der Hand auf einem Treff des Deutsch-Russischen

Forums. Behände nahm er seinen Mundschutz ab und marschierte schnurstracks auf eine Gruppe von Bundestagsabgeordneten zu, die ihn – ihre Gesichter in Masken verhüllt – freundlich begrüßten.

Er hatte sich eine lange Rede zurechtgelegt, die er unbedingt loswerden wollte, denn er war aufgebracht. Der russische Oppositionelle Alexei Nawalny war vergiftet worden. Alle in Deutschland zeigten mit dem Finger auf den Kreml. Doch warum ließ dann Putin seinen politischen Kontrahenten nach Deutschland zur medizinischen Behandlung ausfliegen? Hätte der Kreml Nawalny vergiftet, dann würden ihn die Russen doch nicht mit der Nowitschok-Nervengasvergiftung im Organismus deutschen Ärzten auf dem Teller servieren. So blöd konnten sie gar nicht sein. Volodjas Gesprächspartner aber insistierten: im Kreml säßen Mordgesellen.

Der Diplomat schaltete sofort in den Angriffsmodus über. Er redete ohne Unterbrechung: »Die Deutschen haben nie wirklich verstanden, welchen Trumpf sie gegenüber Russland in all den Jahren besaßen. Seit Peter dem Großen und Katharina der Zweiten gab es in der russischen Geschichte keinen Herrscher mehr, der so deutschlandfreundlich war wie Vladimir Putin. Die Deutschen hätten dies zu ihrem Vorteil nutzen können! Putin kam, direkt nach seiner Wahl zum Präsidenten, mit weitem Herzen in die Bundesrepublik. Er verzichtete auf einen offiziellen Empfang und trank stattdessen Bier in der Spandauer Zitadelle. Dort ließ er sich auch noch zum Ritter schlagen. Was er Deutschland anbot, offerierte er zuvor und danach keinem anderen Land. Seine wichtigsten außenpolitischen Reden hielt er von deutschem Boden aus – im Bundestag 2001, auf der Münchner Sicherheitskonferenz 2007, auf dem

Forum der Süddeutschen Zeitung 2010, was jedes Mal eine große Wertschätzung für Deutschland bedeutete.«

Volodja blickte forsch in die schweigende Runde. Hinter den Masken war der Gesichtsausdruck seiner Gesprächspartner nicht deutlich zu erkennen. Er fuhr unbeirrt fort: »Putins Russland hat Deutschland verlockende Angebote gemacht – einen gemeinsamen europäischen Wirtschaftsraum von Lissabon bis Wladiwostok, den Tausch russischer Rohstoffe gegen deutsche Hochtechnologie, einen gemeinsamen Anti-Terrorkampf, den Übergang der Handelswährung vom US-Dollar zum Euro, eine Energie-Allianz. Putin hat eine Kooperation im Rüstungswesen vorgeschlagen, letztendlich zeigte er sich nicht abgeneigt, Russlands Beitritt zur NATO zu prüfen.«

Immer wieder wurden die Argumente der Russen weggewischt. Vergeblich wartete Moskau auf ein Entgegenkommen Berlins. Die Russen spürten das deutsche Misstrauen ihnen gegenüber. Putins Offerten seien als bloße Propaganda gedacht, um einen Keil in die Beziehungen zwischen Deutschland und seine Westalliierten zu treiben. Später wurde Russland bezichtigt, die demokratischen Systeme in Deutschland und der EU zu untergraben, böse Fake News zu verbreiten. Immer mehr Politiker in Deutschland begannen, die Energiepartnerschaft mit Russland infrage zu stellen.

Die Energie-Allianz, die unter Putin und Kanzler Gerhard Schröder zum Kernstück der deutsch-russischen Beziehungen heranreifte, sollte nicht nur Russland zum Vorteil gereichen. Von ihr profitierten deutsche Firmen, die – über Putins persönliche Vermittlung – eine bevorzugte Stellung auf dem russischen Markt gewannen. Putin war überzeugt, dass die Deutschen froh sein würden, zum wichtigsten Hub für die Verteilung des russischen Erdgases in Europa zu werden.

Die russischen Partner sahen, wie dankbar die deutschen Wirtschaftskapitäne, vereint im Ost-Ausschuss der Deutschen Wirtschaft, aufgrund der gewährten Vorteile auf dem russischen Markt reagierten. Die deutsche Politik verhielt sich dagegen erstaunlich zurückhaltend, zum Ärger der Russen fast herablassend. In Russland kam der böse Verdacht auf: Erachteten die deutschen Politiker die zahlreichen Offerten Putins als etwas Selbstverständliches, das Deutschland so einfach zustand? Jedenfalls spürten die Russen, dass die Deutschen mit Putin als Joker wenig anzufangen wussten.

Volodja wusste, worüber er sprach. Putins Machtzuwachs 1999–2000 fiel mit dem zweiten Tschetschenien-Krieg zusammen, der im Westen allgemein heftig kritisiert wurde. Russen aus Politik, Thinktanks und Medien versuchten vergebens, ihren deutschen Kollegen die Ursachen und Ziele der russischen Anti-Terror-Operation im Nordkaukasus zu erklären; sie stießen nur auf taube Ohren. Die Russen erzählten von U-Bahn-Anschlägen, Folterungen und Entführungen von Zivilisten durch tschetschenische Terrorbrigaden, von militärischen Angriffen der Tschetschenen auf russisches Territorium, von brutalen Überfällen, Flugzeugsprengungen, Selbstmordattentaten und Geiselnahmen, wie die Welt sie noch nie gesehen hatte.

Die Russen warnten Deutschland, dass die Errichtung eines islamistischen Kalifats auf dem Territorium der tschetschenischen autonomen Republik auch gefährliche Auswirkungen auf Europa hätte. Und sie verzweifelten, weil die deutsche Seite ihnen ständig nur Menschenrechtsverletzungen vorwarf und den russischen Staat sogar des Völkermordes bezichtigte. Die völlig unterschiedlichen Sichtweisen auf den Tschetschenien-Krieg waren der Grund dafür, dass die romantische Phase der freundschaftlichen Beziehungen zwischen Russland und Deutschland nach zehn Jahren verflog und sich beide Seiten in immer heftigere Konflikte verwickelten.

Das war der Moment, in dem Russen das Gefühl beschlich, mit den Deutschen in völlig unterschiedlichen Informationsräumen und verzerrten Wahrheiten zu leben. Heute, angesichts der zahlreichen islamistischen Terrorattentate in EU-Ländern, werfen Russen fragende Blicke auf die Deutschen: »Müsst ihr im Grunde genommen Putin nicht dankbar sein, dass er vor 20 Jahren den islamistischen Extremismus – den ihr Deutsche zum Unabhängigkeitskampf deklariert hattet – im Nordkaukasus besiegt und damit auch Europa gerettet hat?«

Volodja war im Saal mit seiner Deutschland-Kritik noch lange nicht zu Ende. Die Versammelten hörten ihm zu. Eine gepfefferte Antwort auf seine dreiste Philippika würden sie später abgeben. Sein Hals war inzwischen trocken, er winkte den Kellner heran und bat um das nächste Glas Sekt. Der Diplomat setzte an der Stelle fort, wo er aufgehört hatte: »Zunächst fragten wir Russen uns allen Ernstes, warum die Deutschen diese Fragen der Menschenrechte und der liberalen Werte so stark in den Vordergrund rückten. Ehrlich gesagt, verstanden wir das nicht. Verfolgten die Deutschen eine verschleiernde Taktik – über Menschenrechte zu reden, um versteckte Interessen zu kaschieren? Hatte das ständige Gelabere über liberale Werte, die Deutschland angeblich besitze und Russland nicht, nur das Ziel, Russland moralisch unter Druck zu setzen, zu isolieren, um

Russland im Nachhinein außenpolitische Bedingungen zu diktieren?«

Volodja scheute keine Wertediskussion mit den Deutschen. Er ließ die deutsche Seite ihren Dampf ablassen, reagierte nicht auf die deutsche Kritik und wartete geduldig, bis die Sprache endlich auf das Thema gemeinsamer Interessen kam. Zumindest wollte er sich als russischer Diplomat nicht von den Deutschen in Sachen Demokratie mit erhobenem Zeigefinger belehren lassen. Nicht von den Deutschen, die sein Land im Zweiten Weltkrieg so geschunden hatten.

Volodja wusste, dass seinen Landsleuten die Freundschaft ihres Präsidenten mit dem Bundeskanzler viel wert war. Putin wollte von Beginn an ein besonders vertrauensvolles Verhältnis zu Schröder herstellen, weil er letzterem eine Anwaltsrolle für russische Anliegen im Westen übertragen wollte. Der Kremlchef regte die Gründung eines breiten Dialogforums zwischen Deutschland und Russland an, vergleichbar mit der seit Kriegsende existierenden deutsch-britischen »Königswinter Konferenz«. Putin wollte den Aussöhnungsgedanken zwischen Deutschen und Russen auf eine solide Grundlage stellen. So wurde im September 2000 der »Petersburger Dialog« ins Leben gerufen.

Als eines seiner Gegenüber kritisch bemerkte, der Petersburger Dialog sei inzwischen eingeschlafen, nutzlos geworden, explodierte Volodja förmlich: »Wir Russen wollten einen Dialog mit Deutschen auf Augenhöhe führen, und zwar über alle strategisch relevanten Fragen.« Vielleicht machte Putin beim ersten Treffen des Petersburger Dialogs einen Fehler, indem er, im Beisein vieler deutscher Elitenvertreter, das neue bilaterale Forum mit dem Rapallo-Prozess vor 100 Jahren verglich. Aber der Kremlchef meinte es ernst – Deutschland und Russland seien nach dem Ersten Weltkrieg von den westlichen Siegermächten wie Aussätzige behandelt worden. Also suchten die beiden Verlierer einen Weg, um sich gemeinsam zu unterstützen. Rapallo hatte, aus russischer Sicht, rein gar nichts mit dem späteren Hitler-Stalin-Pakt gemein.

Während die russische Seite mit den Deutschen über Sicherheitspolitik, Wirtschaftsprojekte, die Zukunft der christlichen Kirchen, Kulturaustausch, das vorbildliche deutsche Sozialsystem, den deutschen Föderalismus als Modell für Russland und über gemeinsame historische Erfahrungen debattieren wollte, interessierte die deutsche Seite eigentlich nur ein Thema: die Unterstützung der Zivilgesellschaft und der Demokratie in Russland. So geriet der Petersburger Dialog im Verlauf der Jahre in eine Schieflage.

Volodja war selbst Dauergast beim Petersburger Dialog. Er erinnerte sich, wie die deutschen Verantwortlichen niemals vergaßen, der eigentlichen Aufgabe des Petersburger Dialogs – der Völkerverständigung – mit einer großen Bandbreite von Russen nachzukommen. Bis zu dem Zeitpunkt, als Bundeskanzlerin Angela Merkel der Geduldsfaden riss und der Dialog zu einem rein zivilgesellschaftlichen Forum umfunktioniert wurde. Die russischen Teilnehmer waren darüber wenig amüsiert. Der Dialog verwandelte sich in einen Monolog.

Der Petersburger Dialog offenbarte Jahr für Jahr die schleichende Entfremdung in den bilateralen Beziehungen. Als das Forum einmal in Moskau und nicht in Sankt Petersburg tagte, lud Putin alle Teilnehmer zur Abschlusssitzung in die Kremlgemächer ein. Im feierlichen Katharina-Festsaal nahmen insgesamt 400 Deutsche und Russen Platz. Dann betraten Putin und Merkel die Bühne. In seiner kurzen Ansprache pries der russische Präsident die Wirtschaftsbeziehungen zwischen beiden Ländern, lockte mit vielversprechenden Offerten deutsche Investoren auf seinen Markt. Ausdrücklich unterstrich er die gemeinsamen Interessen Berlins und Moskaus auf globaler Ebene.

Merkel hörte dem Gastgeber aufmerksam zu, doch in ihrer Rede ging sie auf das Thema gemeinsamer Interessen kaum ein. Stattdessen ermahnte sie Putin, Menschenrechte und liberale Werte zu respektieren. Dabei setzte sie sich lautstark für die Freilassung der inhaftierten Künstlerinnen der Gruppe Pussy Riot ein, die wenige Wochen zuvor wegen ihres blasphemischen Protestauftritts in der Moskauer Christ-Erlöser-Kathedrale ins Straflager kamen. Die deutschen Gäste applaudierten, bei den russischen Teilnehmern breiteten sich Unverständnis, Wut und Entsetzen aus.

»Ist Pussy Riot das einzige Thema in der Zusammenarbeit mit Russland, das euch Deutsche interessiert?«, beschwerte sich Volodja später bei seinen deutschen Kollegen. Diese nickten: Jawohl, für deutsche und europäische Sicherheitsinteressen sei es entscheidend, dass Russland früher oder später wieder den Weg Richtung liberale Demokratie findet! »Was für eine bodenlose Heuchelei und Politik der Doppelstandards«, entfuhr es dem ansonsten besonnenen Diplomaten. Der Westen würde, wo es ihm genehm sei, selbst Völkerrecht brechen. Putin zitierte dazu aus der altgriechischen Sage: Was Jupiter erlaubt ist, ist dem Ochsen nicht gegeben.

Volodja zog einen deutschen Zuhörer fest an sich heran: »Was würdet ihr sagen, wenn wir Russen in Deutschland nur mit der rechten AfD reden würden? Die AfD ist die einzige regierungskritische Opposition in Deutschland. Wie würdet ihr reagieren, wenn wir sie anstacheln würden? Ihr mischt euch unverhohlen in unsere inneren gesellschaftlichen Prozesse ein! Wie würdet ihr reagieren, wenn wir uns in eure Wahlen einmischten, unsere Nichtregierungsorganisationen nach Deutschland brächten, die in eurer Öffentlichkeit Erziehungs- und Bildungsaufgaben übernehmen würden, wie eure politischen Stiftungen es seit Jahren in Moskau tun?«

Immer wieder kam Volodja in seinen Reden auf Putin zu sprechen: »Der russische Präsident ist äußerst germanophil. Er hat seine beiden Töchter in eine deutsche Schule geschickt. Er spricht gern Deutsch, machte in der DDR gute Erfahrungen mit Deutschen, mit der deutschen Kultur und den deutschen Lebensgewohnheiten. Als er Anfang der neunziger Jahre in der Stadtverwaltung von Sankt Petersburg arbeitete, fungierte er als wichtigster Ansprechpartner für deutsche Unternehmer, die ihn gern aufsuchten. Er öffnete der deutschen Geschäftswelt die Türen nach Sankt Petersburg. Heute empfängt er bevorzugt deutsche Unternehmer und glaubt fest daran, dass die deutsche Wirtschaft der richtige Modernisierungspartner für Russland ist. Im Kreml glaubt man an Deutschland, vertraut ihm bis zuletzt.«

Volodja dachte zunächst, dass er mit seinen Ausführungen offene Türen einrennen könnte. Er wusste, dass die deutschen Politiker gern nach Russland fuhren, dort fleißig Gespräche führten, beim Abschlussessen Trinksprüche auf die deutsch-russische Freundschaft aussprachen. Er hatte aber auch aus sicherer Quelle vernommen, dass sie, wenn sie spätabends an der Hotelbar landeten und den letzten Absacker zu sich nahmen, Russland als Regionalmacht verspotteten.

Begriffen denn die Deutschen nicht, dass die Russen ihnen seit dem Fall der Mauer eine besondere Beziehung zum Wohl beider Länder anboten? Wie konnte man so dumm sein, dieses Angebot auszuschlagen? Zuallererst musste aber der Dämonisierung Putins in den deutschen Medien Einhalt geboten werden. Russlandvereine in Deutschland hatten in der Vergangenheit nach Möglichkeiten gesucht, Putin für seinen Einsatz für die deutsch-russischen Beziehungen auszuzeichnen. In Hamburg bot man dem russischen Präsidenten die Ehrendoktorwürde der Universität an, in Berlin den begehrten Quadriga-Preis. Doch kaum wurde die Preisverleihung publik, begann in Deutschland ein medialer Sturm der Entrüstung. Putin wurde als Diktator beschimpft und seine deutschen Sympathisanten in Grund und Boden gestampft. Die Russen verfolgten die medialen Kampagnen gegen ihr Oberhaupt mit ohnmächtiger Wut. Sie verstanden nicht, warum man in Deutschland so mutwillig das Verhältnis zu Russland zerstörte.

Wo bedroht Russland Deutschland, wo fehlt uns das Vertrauen? – mit dieser Frage beschäftigte sich Volodja ständig. Er suchte nach einem Erklärungsmuster für das Missfallen der Deutschen. Ein hochrangiger deutscher Politiker erklärte es ihm so: »Putin verfolgt die LGBT-Vertreter in Russland. Damit hat er die gesamte liberale Öffentlichkeit im Westen gegen sich aufgebracht.« Der Russe war verdutzt: »Der Westen darf sich nicht anmaßen, uns Russen vorzuschreiben, wie wir leben möchten.«

Volodja war sich nicht im Klaren, ob der Westen die Andersartigkeit Russlands auf dem europäischen Kontinent jemals akzeptieren könne. Vermutlich konnte

Deutschland mit Russland, das nicht dem westlichen Regelwerk entsprach, nichts anfangen. Im Kalten Krieg war das anders. Da wollte Westdeutschland sich die Option der Deutschen Einheit erhalten und wusste, dass diese ohne Zustimmung der Sowjetunion nicht realisierbar war. Die damalige Bundesrepublik erfand die Ostpolitik, basierend auf dem Leitsatz »Wandel durch Handel«. Durch vorteilhafte Wirtschaftsverflechtungen und kulturellen Austausch (Soft Power) sollte Deutschland Einfluss auf die gesellschaftlichen Entwicklungen in der Sowjetunion nehmen und den politischen Wandel erwirken. Volodja wusste, dass viele einflussreiche Russen heute unzufrieden auf die Ostpolitik zurückblicken, denn sie führte zum Ende der Sowjetunion und dem Erstarken Deutschlands in Europa.

Volodjas deutsche Partner wollten diese Gedankenspiele nicht hören. Mit der Sowjetunion habe Deutschland damals reden und verhandeln müssen, denn von Moskau hing die Lage in ganz Osteuropa ab. Nach dem Zerfall der Sowjetunion bildeten sich jedoch neue unabhängige Staaten in Osteuropa. Polen, die Baltischen Länder, Tschechien, die Slowakei – sie alle suchten im Westen Schutz vor Russland. Deutschland, als das Schlüsselland in der Europäischen Union, müsse sich schließlich um die Belange seiner neuen Bündnispartner kümmern. Deswegen würde Deutschland auch den Beitritt aller ehemaligen Warschauer-Pakt-Länder zur NATO und EU fördern.

Diese Länder, so erklärte man dem ungläubigen Volodja, gehörten jetzt zur unmittelbaren Nachbarschaft Deutschlands, praktisch zur deutschen Einflusssphäre. Russland dagegen nicht. Die Weltanschauungen der neuen Mitglieder der NATO und EU seien für die Bundesrepublik wichtiger und ihr näher als die russische. Merkel habe nicht umsonst gesagt, sie würde nach Moskau nur noch über Warschau reisen. Russland zog daraus seine bitteren Schlüsse.

Solche Aussagen hörte Volodja täglich. Deutschland könne doch nicht so dumm sein, dass alte Bismarcksche Erbe zu verspielen. Russland brauche Deutschland viel mehr als Partner in Europa als die Angelsachsen, denn mit diesen hatte man sich im Kalten Krieg vollends zerstritten. Hat Putin nicht Deutschland eine besondere Partnerschaft in der Energiewirtschaft angeboten? Und hat Putin nicht mit dem ehemaligen Kanzler Schröder einen Deutschen zum Chef des Pipeline-Konsortiums Nord Stream gemacht? Putin war davon überzeugt, dass er Deutschland damit einen Gefallen tun würde, eine Ehrerbietung, die eine positive Reaktion nach sich ziehen würde. Die meisten Russen sahen dies ähnlich. Die Dämonisierung Schröders in den deutschen Medien wegen seines Mandats bei Nord Stream konnte man in Russland nicht nachvollziehen.

Volodja konnte noch andere Beispiele anführen. Putin amnestierte den straffällig gewordenen Ölmagnaten Michail Chodorkowski auch nicht aus einer Laune heraus. Er ließ ihn aus dem Arbeitslager nach Deutschland ausreisen, weil er hoffte, damit Merkel und der Bundesrepublik einen Gefallen tun zu können. Er war sich sicher, dass Deutschland Chodorkowski aus humanitären Gründen Exil offerieren, aber nicht als Speerspitze im Kampf gegen Russland instrumentalisieren würde. Chodorkowski wurde, wie auch die Sängerinnen von Pussy Riot, kurz vor Beginn der Winterolympiade in Sotschi 2013 auf freien Fuß gesetzt. Natürlich mit der stillen Hoffnung verbunden, dass trotz der neuerlichen Entfremdung zwischen Berlin und Moskau deutsche Spitzenpolitiker als Dankeschön für die Amnestie persönlich nach Sotschi kommen würden.

Doch niemand aus der Politik besuchte die Olympischen Spiele. Die Russen werden sich lange an den Satz des damaligen Bundespräsidenten Joachim Gauck erinnern, der – obwohl er als Ehrengast zum siebzigsten Jahrestag der Schlacht um Stalingrad eingeladen worden war – verkündete, er würde seinen Fuß nicht in das menschenverachtende Russland setzen. Deutschland ließ eine Möglichkeit nach der anderen aus, die ausgestreckte Hand der Russen zu ergreifen.

Schließlich kam Volodja zur Kernthese seiner Ausführungen. Seine deutschen Kollegen hörten ihm gespannt zu, ohne sich zu entfernen. Man hatte an den Argumenten von Volodja an diesem Abend wenig auszusetzen. Das Deutsch-Russische Forum war bekanntlich der einzige Ort in Berlin, wo kein Russland-Bashing betrieben wurde. Diese Wärmestube der deutsch-russischen Freundschaft verleitete alle Gäste dazu, positiv über das Verhältnis zu Russland zu denken. Volodja ließ seinen Blick durch den Raum wandern und erklärte: »Der Fall Nawalny bedeutet für Putin das Ende seiner Hoffnungen auf Deutschland. Er sagt inzwischen, dass Deutschland nicht mehr die Rolle eines Anwalts russischer Interessen in Europa spiele. Putin ist sauer auf die deutsche Führung.«

Volodja warf den Deutschen vor, an einem abgekarteten Spiel gegen Russland zu partizipieren. Russland solle in der Vergiftungsangelegenheit Nawalnys Ermittlungen anstellen, aber gleichzeitig enthalte Deutschland den russischen Ermittlungsbehörden zahlreiche Indizien zu dem Fall vor. Die Bundesregierung behaupte, das offizielle Russland stehe hinter dem Anschlag auf Nawalny. So könne eine konstruktive Partnerschaft niemals funktionieren. Das Verhältnis zwischen Deutschland und Russland sei irreparabel beschädigt; die Chance einer Rückkehr zu vertrauenswürdiger Ostpolitik sei vertan worden.

Plötzlich gesellte sich eine Russland-Expertin aus einem regierungsnahen Berliner Thinktank zur Runde. Jeder kannte ihr veröffentlichtes Papier. Die russische Seite, so steht in der Analyse, würde Deutschland heute missverstehen. Das Forschungspapier sagt deutlich: Deutschland sucht keine Sonderbeziehung zu Russland. Es steht für immer an der Seite der USA, der transatlantischen Gemeinschaft, der NATO und EU. Russland sei in den Augen der Deutschen noch nicht einmal ein potenzieller strategischer Partner. Statt über Freundschaft zu reden, müsse Deutschland, zusammen mit anderen westlichen Alliierten, gegenüber Russland in Wirklichkeit eine Politik der Eindämmung betreiben. Den Russen fiel es auf einmal wie Schuppen von den Augen. Sie hatten mit Deutschland in ihrer Westpolitik auf das falsche Pferd gesetzt. Vermutlich hätte sich Moskau eher mit Paris verständigen sollen, meint Volodja.

Er resümierte: »Putin wollte die deutsche Karte spielen – aber er unterschätzte den deutschen Westdrall. Die Russen haben nach dem Zusammenbruch der Sowjetunion mehr von Deutschland erwartet, als Deutschland Russland zu geben bereit war. In der Tat hat die russische Politik nicht verstanden, wie fest die Bundesrepublik und ihre Führungseliten in den transatlantischen Kontext integriert sind – und diesen Status unter keinen Umständen aufgeben wollen. Deutschland sieht sich als Führungsmacht in Europa, was aber eine eigenständige

Russlandpolitik ausschließt. Es hat sich aus Solidaritätsgründen mit den neuen Verbündeten das Weltbild der ehemaligen Warschauer-Pakt-Länder zu eigen gemacht, nach welchem diese Staaten im 20. Jahrhundert weniger Opfer des Überfalls durch Hitler, als vielmehr Opfer der Okkupation durch Stalin nach 1944 gewesen sind. Für die russische Denke ist eine solche ahistorische Auffassung inakzeptabel, denn sie negiert die eigentliche Befreiung Europas vom Faschismus durch die Sowjetunion.«

Der Fall Nawalny produzierte verbale Angriffe deutscher Politiker und führte der russischen Seite vor Augen, dass die Deutschen keinesfalls, wie die Russen trügerisch annahmen, sich nur gegen Russland wendeten, weil sie Amerika-hörig sind. Russland begreift, dass es in Deutschland selbst einen Zuwachs an Entscheidungsträgern gibt, die gegenüber Russland nur auf Krawall gebürstet sind.

Russland dürfte keinen Zweifel mehr daran haben, dass die Bundesrepublik an ihrer werteorientierten Politik festhalten wird. Auch wenn andere westliche Staaten, wie die USA oder die Mittelosteuropäer, sich vom liberalen Werteprinzip in ihrem politischen Handeln einmal lösen werden – die deutsche Politik wird bis zuletzt die Rolle des Hohenpriesters des liberalen Wertekanons spielen. Russland muss sich daher auf ein zunehmend ideologisches und kritisches Deutschland einstellen, das gegenüber anderen Nationen belehrend auftreten wird. Sich mit einem solchen Deutschland, das sich ausschließlich von normativen Vorstellungen leiten lässt, zu verständigen, ist für Russland ein Ding der Unmöglichkeit.

Russland kann sich eine auf gemeinsame Interessen bezogene Politik, beispielsweise im Brennpunkt Naher und Mittlerer Osten, gar nicht mehr vorstellen. Deutsche Spitzendiplomaten, früher aufgrund ihrer Professionalität, Esprit und Weltsicht überall geachtet, sehen heute die Außenwelt nur durch die Brille liberaler Werte. Bundesaußenminister Heiko Maas verkörpert den Typus dieses gegenwärtigen Diplomaten par excellence. So jedenfalls fällt das heutige Urteil Russlands aus.

Russische Deutschlandexperten warnen, dass für die bilateralen Beziehungen alles noch bitterer kommen kann, wenn im nächsten Jahr die traditionell Russland-freundlichere SPD aus der Regierung ausscheidet. Anstelle der SPD würden sich die Russland-kritischen Grünen als Koalitionspartner für die CDU/CSU anbieten. Hört man die Aussagen der außenpolitischen Sprecher der Grünen in den Talkshows, kann man sich gut vorstellen, was die deutsch-russischen Beziehungen erwartet, wenn das Amt des Außenministers an die Grünen geht. Die Deutschland-Analysen, die man derzeit in Russland vernimmt, verbreiten da wenig Optimismus.

Volodja sah auf seine Uhr – er war spät dran. Er hatte sich, ohne Not, in Rage geredet. Und ein wenig betrunken war er inzwischen ebenfalls – wie auch manche seiner deutschen Kollegen. Der Vorsitzende des Deutsch-Russischen Forums sprach den letzten Trinkspruch aus. Volodja drängte sich an seine Seite und flüsterte ihm ins Ohr: »Russische Diplomaten hatten hohe Achtung vor früheren deutschen Politikern: Konrad Adenauer – der nur zehn Jahre nach dem Krieg nach Moskau fuhr, um deutsche Kriegsgefangene zurückzuholen. Willy Brandt und Egon Bahr – die den Mut hatten, die Entspannungspolitik mit der Sowjetunion gegen den Willen der Amerikaner einzuleiten. Helmut Kohl, Hans-Dietrich Genscher, Gerhard Schröder – die mit dem postsowjetischen Russland zusammen ein einheitliches Europa aufbauen wollten und Russland mit Respekt begegneten, wie es der Großmacht geziemt. Und wo sind in Deutschland heute weitsichtige Ost-Politiker, denen wir vertrauen können? Sollen wir nur noch mit der AfD und der Linken kooperieren?«

Beim Abschied fasste er den Vorsitzenden an der Schulter: »Du bist unsere letzte Hoffnung auf Besserung.«

Jewgenija,
die Meinungsforscherin

Jewgenija gehört einer Generation russischer Intellektueller an, die ihr halbes Leben in der Sowjetunion und die zweite Lebenshälfte im postkommunistischen Russland verlebt haben. Für sie bedeutete die Wende 1989–91 einen Weltenumbruch, dessen Zeuge man höchstens einmal im Laufe seines Lebens wird. Das Ende des Kalten Krieges brachte das Ende der Jalta-Weltordnung. Europa und die Welt waren seitdem nicht mehr in zwei unterschiedliche Systeme aufgeteilt. Aus ehemaligen Feindschaften hätten stabile Freundschaften entstehen können, sind sie aber nicht. Warum?

Angesprochen auf Deutschland, leuchten Jewgenijas Augen auf. Ja, es stimmt – die Russen hätten die Deutschen anfangs fest in ihr Herz geschlossen. Aber die Liebe sollte keineswegs nur einseitig sein. Laut Meinungsumfragen, die sie jährlich in Russland – und über einen Partner in Deutschland – machen lässt, seien die Deutschen gar nicht gut auf die Russen zu sprechen. Nur jeder vierte Deutsche bekundet Sympathie mit den Russen. Jeder Dritte steht Russland misstrauisch oder feindselig gegenüber. Jewgenija wundert sich darüber, denn bei den Russen ergibt sich ein völlig anderes Bild. Fast 50 Prozent der Befragten mögen die Deutschen, nur ein Viertel steht Deutschen negativ gegenüber.

»Das ist allein die Schuld der deutschen Massenmedien«, glaubt Jewgenija die Ursache für die Gesinnungsschwankung entdeckt zu haben. Sie schimpft gern auf die Presse: »Sie können oder dürfen nicht positiv über Entwicklungen in Russland schreiben. Woher soll dann ein Otto Normalverbraucher die wahre Lage in Russland verstehen? Er bezieht nur einseitige Informationen.« Die Russen selbst hoffen, dass eine Zusammenarbeit mit Deutschland sich strategisch vorteilhaft für sie auswirken wird. Vor diesem Hintergrund lautet die wichtigste Frage der Russen an die Deutschen: Seid ihr bereit, den Bedürfnissen und Erwartungen der russischen Gesellschaft entgegenzukommen, oder orientiert ihr euch nur an eigenen Vorstellungen darüber, was die Russen zu tun und zu lassen haben?

Die Mehrheit der Russen will jedenfalls eine vertiefte wirtschaftliche Zusammenarbeit mit Deutschland. Die russische öffentliche Meinung sieht diese aber keineswegs unkritisch. Man fragt nach den wahren Motiven der Deutschen. Die Mehrheit der Russen denkt heute, dass Deutschland ausschließlich an den natürlichen Ressourcen Russlands interessiert ist. Ansonsten, so die Argumentation, würden sich die Deutschen viel mehr für eine gleichberechtigte Wirtschaftskooperation, für marktwirtschaftliche Prozesse und die Überwindung wirtschaftlicher Probleme in Russland einsetzen.

»Die Völker wissen zu wenig voneinander,« beschwert sich Jewgenija. Früher lag das an den Russen, sie hatten kein Geld, um zu reisen. Dieser Umstand hat sich geändert. Trotzdem war von den befragten Russen nur jeder zehnte einmal in Deutschland, obwohl bei 15 Prozent der Befragten Verwandte oder Freunde in Deutschland lebten. Die Informationen über Deutschland erhalten die meisten Russen nicht aus den Medien, sondern aus Erzählungen ihrer Bekannten in Deutschland. Bis zum Ukraine-Konflikt 2014 war die Berichterstattung in den russischen Medien über Deutschland größtenteils positiv, das änderte sich sofort, als sich Berlin zum Fürsprecher für Sanktionen gegen Russland aufschwang.

Die deutsche Haltung irritierte und kränkte – Völkerrechtsverletzung hin oder her – die Gefühle der meisten Russen. Das vermitteln die neuesten Meinungsumfragen, die Jewgenija Tag und Nacht auswertet.

Jewgenija erinnert daran, dass sich nach dem Zusammenbruch des Kommunismus in Osteuropa die Mehrheit der Sowjetbürger zu Europa hingezogen fühlte. Von dort erwartete man heilbringende Ideen, wirtschaftliche Hilfe, humanitäre Solidarität und irgendwann einmal: Teilhabe am gesamteuropäischen Wohlstand. Die Russen entdeckten ihre europäische Seele. Diejenigen, die über die notwendigen Mittel verfügten, reisten nach Europa, in das sie über Generationen hinweg nicht fahren durften. Doch nach einiger Zeit stellten sie fest, dass das Europa, in dem sie sich nach der Wende wiederfanden, nicht ihren Vorstellungen entsprach.

Die Russen hatten sich immer nach einem Europa der souveränen Nationalstaaten und traditionalistischen Tugenden gesehnt. Russland wollte in einem starken Europa des »Konzerts der Mächte« zusammen mit anderen Nationen aufgehen, wie nach dem Wiener Kongress 1815. Stattdessen bekamen es die Russen mit einem für sie unbekannten Europa und unergründlichen Abendland zu tun. Die Erinnerung an den Wiener Kongress ist nicht unerheblich. Für Russland war dies der Moment, als die alte europäische Ordnung, die durch die Irrungen der Französischen Revolution aus den Fugen geraten war, mit Hilfe Preußens wieder restauriert werden konnte. Der russische Zar galt in einigen europäischen Ländern als Befreier Europas, in anderen nannte man ihn den Gendarmen Europas.

Nach dem Kalten Krieg gerieten die Russen an einen Werteklub Europa, der sich postmodernistisch, ausnahmslos liberal, gender- und minderheitengerecht und grün nannte. Das alte Europa war revolutioniert. Die Eintrittskarte in den ersehnten Klub war die Liberalisierung der eigenen Gesellschaft nach westlichem Vorbild. Die Russen fanden sich in einem Europa wieder, das sich vom westlichen Europa der Nachkriegszeit weiterentwickelt hatte, in eine Richtung, die den Russen unverständlich war. Mit anderen Worten: Russland strebte in das ehrwürdige Nachkriegseuropa des 20. Jahrhunderts – und es kam in einem völlig andersartigen Europa der liberalen Moderne an, von dem es kritisch beäugt wurde.

In einem solchen Europa waren die Rollen schnell verteilt. Die alten Demokratien des Abendlandes waren die Erzieher – die Russen nannten sie Oberlehrer. Die Neuankömmlinge waren gelehrige Schüler, die das Einmaleins der Demokratie und Marktwirtschaft studieren mussten. Und Deutschland entpuppte sich für die Russen als der strengste aller Zuchtmeister. Während die Polen, Tschechen, Ungarn und andere Osteuropäer freiwillig die Schulbank drückten, um so schnell wie möglich die Abschlussprüfung zu bestehen und Mitglied dieses europäischen Werteklubs zu werden, verloren die Russen – nicht zuletzt aufgrund der politischen Perspektivlosigkeit eines solchen Unterfangens – die Lust am Demokratie-Studium. Eigentlich bedeutet der Begriff

Demos »Volk«. Und die Völker sind alle anders, also darf auch Demokratie unterschiedlich sein.

»Für unser schlechtes Benehmen in der Schule haben der Westen und Deutschland uns mit der NATO- und EU-Osterweiterung bestraft«, meint Jewgenija süffisant und fügt wehmütig hinzu: »Als wir Russen die deutschen Politiker daran erinnerten, dass Gorbatschow seinerzeit das amerikanische Versprechen gegeben wurde, die NATO nicht nach Osten auszuweiten, teilte man uns lapidar mit: Diese Absprachen wurden nicht schriftlich, sondern nur mündlich getroffen und sind kein Bestandteil irgendwelcher Verträge. Außerdem galt dieses Versprechen gegenüber der Sowjetunion und nicht Russland. Nach dem Zerfall der Sowjetunion fühlte sich niemand mehr im Westen an irgendwelche Versprechen an Gorbatschow gebunden. Gorbatschow selbst war entmachtet worden. Und schließlich: Jedes Land kann souverän über seine Mitgliedschaft in Staatenbünden bestimmen; die neuen mittelosteuropäischen Länder hatten sich für die NATO und EU entschieden.« Kein Wunder, dass sich die Russen verschaukelt fühlten und danach trachteten, es dem Westen heimzuzahlen.

Jewgenija schmunzelt. Eigentlich entwickelte sich im postkommunistischen Russland das Image Deutschlands anfangs in eine gute Richtung. Die drei größten deutschen Symbole der Russen sind bis heute Bier, Würste und die Swastika geblieben. In Meinungsumfragen nennen die Russen auch das Brandenburger Tor, die Berliner Mauer, den Reichstag, die Gotik-Bauten, Mercedes und Volkswagen sowie die Fahrradwege und Windmühlen. Natürlich sympathisieren Russen mit deutschen Fußballspielern, Rockgruppen und Rennfahrern. Soziologen sind jedoch darüber erstaunt, dass die

Nazi-Symbolik und die Erinnerungen an den Zweiten Weltkrieg bei den Russen noch so lebendig sind, wenn sie an Deutschland denken. In Deutschland scheinen Aspekte des Krieges eher in den Hintergrund getreten zu sein.

Jewgenija kennt den Grund dafür. In den deutschen Familien, vor allem bei den Kriegsrückkehrern, wurde kaum über den Krieg gesprochen. Viele Deutsche, jetzt im Rentenalter, haben im Verlauf ihres Lebens nichts Konkretes über die Geschehnisse 1941–45 aus ihren Vätern herausbekommen. Die Hitler-Generation nahm ihre leidvollen Erfahrungen mit ins Grab. Anders in Russland. Dort erzählt man sich in jeder Familie, in der der Vater oder Großvater als Soldat den Krieg überlebt hat, eine Heldengeschichte. Diese Erfahrungen werden an die jüngere Generation weitergegeben. Den 9. Mai – den Tag des Sieges über den Hitler-Faschismus – begehen die Russen, so wie auch die anderen Völker der Ex-Sowjetunion, feierlich im Familienkreis. An diesem Feiertag sind auch die größten Kontrahenten vereint.

Meinungsumfragen verdeutlichen, dass Hitler und Karl Marx in Russland zu den bekanntesten Deutschen zählen. Und dies, obwohl Hitler gar kein gebürtiger Deutscher war. Interessanterweise sehen die befragten Russen, trotz ihrer vom deutschen Vernichtungskrieg geprägten Erinnerungskultur, viele positive Charaktereigenschaften der Deutschen und nennen an erster Stelle Pünktlichkeit, Disziplin, Wahrheitsliebe, Selbstsicherheit, Unabhängigkeit. Als Negativum wird meist die deutsche Humorlosigkeit genannt. Die Russen schätzen einerseits die deutsche Gesetzeshörigkeit, Ordnungsliebe, Organisation und Fleiß. Andererseits sagen sie etwas, was für deutsche Ohren frevelhaft ist. Dass nämlich unter Hitler diese tugendhaften Eigenschaften zu einer »furchtbaren Kraft« vereinigt wurden.

Die Russen fürchten, dass Deutsche, sobald sie in ihrer Masse anfangen, einer Ideologie zu frönen, für die ganze Welt gefährlich werden. Russen werden wachsam, wenn Deutsche zu ihnen über die Universalität ihrer Werte predigen und den westlichen Liberalismus als einzig tragbares Gesellschaftsmodell der Welt propagieren. Diese Art von Fundamentalismus unterscheidet sich aus Sicht mancher Russen nicht von dem Fanatismus, mit dem Deutsche früher die Welt »beglücken« wollten und in Wirklichkeit die menschliche Zivilisation fast ruinierten. Die Russen wollen nicht schon wieder mit der politischen Parole aus dem alten Gedicht von Emanuel Geibel »Am deutschen Wesen mag die Welt genesen« konfrontiert werden.

Die Russen erinnern sich da noch etwas weiter zurück, beispielsweise an die deutschen Kreuzritter, die, nachdem sie aus Palästina hinausgeworfen worden waren, den Livländischen Orden gründeten, um Osteuropa zu missionieren. Im Jahre 1242 wurden sie vom Nowgoroder Fürsten Alexander Newski, der den Katholizismus für das orthodoxe Fürstentum Russland bekämpfte, auf dem zugefrorenen Peipussee vernichtend geschlagen.

Dass deutsche Partner auf solche Vergleiche empört reagieren und das Gespräch daraufhin voller Entrüstung abbrechen, bestärkt die Russen in der Richtigkeit ihrer Annahmen. Weiterer Streit ist deshalb vorprogrammiert. In zahlreichen Meinungsumfragen stellt sich heraus: Trotz einer positiven Grundstimmung Deutschen gegenüber sind im russischen Gedächtnis die deutschen Gräueltaten während des Krieges haftengeblieben. Kommt es zu einem politischen Konflikt zwischen beiden Ländern, ertönt aus dem russischen Unterbewusstsein unüberhörbar das klassische Schlagwort: »Hitler kaputt!«

Russland will auch in Zukunft auf Überheblichkeit in Sachen Demokratie-Erziehung seitens der Deutschen mit einer eigenen »Moralkeule« – dem »Hitler kaputt« – reagieren. Was in Russland bisher niemand wahrhaben will: die deutsche und russische Erinnerungskultur an den Zweiten Weltkrieg ist grundverschieden. Gefragt nach den wichtigsten Momenten des Krieges, nennt der Russe immer den Hitler-Angriff auf die Sowjetunion im Juni 1941, die Festung Brest, die Schlacht um Stalingrad, die Leningrader Blockade, die Panzerschlacht bei Kursk, deutsche Konzentrationslager, die sowjetische Partisanenbewegung, Massenmorde an der Zivilbevölkerung, die sowjetische Eroberung Berlins und die Flagge über dem Reichstag.

Die befragten Deutschen sagen, ihre Weltkriegserfahrungen sind anders. Deutsche benennen folgende für sie wichtige Momente aus dem Zweiten Weltkrieg: D-Day, die Schlacht in den Ardennen, die Landung der Alliierten in der Normandie, die Besetzung Polens, die Einnahme von Paris, den Holocaust und die Vergasung von Juden, die Bombardierung Dresdens, die Befreiung des KZ Dachau, die Wannsee-Konferenz, die Vertreibung der Deutschen aus Ostpreußen sowie die Atombombenabwürfe über Hiroshima und Nagasaki. Das bedeutet: nichts Positives über die Russen. Was die Russen besonders schmerzt: Deutsche behaupten heute mehrheitlich, sie seien 1945 von den Amerikanern befreit, aber von den Russen besetzt worden.

»Kann es sein, dass die Deutschen die sowjetische Besetzung Ostdeutschlands gegen den Vernichtungskrieg Hitlers gegen die Sowjetunion aufrechnen? Nach dem

Motto: Beide Seiten sind schuld?«, fragt Jewgenija beklemmend in die Runde. Sie bekommt als Antwort von ihren deutschen Freunden zu hören, der Zweite Weltkrieg sei hauptsächlich in den Köpfen von Historikern und unverbesserlichen Revisionisten präsent, die sich um die Auslegung von historischen Fakten stritten. Doch Jewgenija glaubt dem nicht. In Wirklichkeit ist die Erfahrung des Zweiten Weltkrieges noch immer prägend für das heutige Verhältnis beider Staaten und wird es mindestens noch für eine Generation bleiben.

Deutsche und Russen sind sich in der zweiten Hälfte des 20. Jahrhunderts kaum begegnet. Von 1945–1990 haben sie ausschließlich auf der offiziellen staatlichen Ebene miteinander kommuniziert. Es gab keinen gegenseitigen Massentourismus, auch nicht aus der DDR in die UdSSR – der Eiserne Vorhang in Europa trennte die Völker voneinander. Das betraf vor allem die BRD. Und als sich nach dem Ende des Ost-West-Konflikts die Menschen die Hände reichten, stellten sie fest, dass sie sich entfremdet hatten, dass sie wie auf zwei verschiedenen Planeten mit falschen Vorstellungen voneinander gelebt hatten.

Jewgenija ist zutiefst davon überzeugt, dass künftige Historiker beider Länder die Zeitspanne 1945–90 tiefgreifend erforschen müssen. Die Russen wollen nicht als Alleinschuldige für den Kommunismus dastehen. Im Westen denkt man, der Ostblock hätte aus Ländern mit Unrechtsregimen und Diktaturen bestanden, sei ein Völkergefängnis gewesen, dem die dort lebenden Menschen zu entfliehen suchten und deshalb todesmutig über die Mauer kletterten. In Russland hat kaum jemand etwas von der Berliner Blockade 1948 oder dem Aufstand des 17. Juni 1953 gehört. Vergleiche der Berliner Blockade mit der Leningrader Kriegsblockade durch deutsche Kollegen führen auf der russischen Seite zu Protesten. Auch Jewgenija meint, dass man die Blockaden niemals miteinander vergleichen kann, schon angesichts der riesigen Todeszahlen auf russischer Seite. Wütend machen die Russen auch ständige deutsche Vorwürfe von Siegerjustiz, von Massenvergewaltigungen deutscher Frauen durch die Rote Armee und vehemente Kritik an der Vertreibung der Deutschen aus Osteuropa.

»Die Deutschen wissen bis heute nicht, was ihre Vorfahren an Plünderung und Völkermord in der Sowjetunion zu verantworten haben«, unterstreicht Jewgenija. Sie betont: »Jedes Mal, wenn ich in Berlin bin, zeigen mir deutsche Kollegen die Reste der Berliner Mauer, erzählen von schießwütigen Grenzsoldaten, Todesschüssen auf DDR-Flüchtige. Kommunisten werden des Mordes bezichtigt. Doch lassen sich diese Taten mit den Gräueln der Wehrmacht und der SS im Zweiten Weltkrieg vergleichen?«

Sicher hätten die Russen Rache an den Deutschen genommen, aber in der Nachkriegszeit habe man sich ausgesöhnt. Was die Russen heute an den Deutschen kritisieren, ist die Ignoranz, mit der Berlin über die faschistischen Aufmärsche ehemaliger lettischer und ukrainischer nationalsozialistischer Vereine hinwegsieht. Von Deutschland erwarten die Russen eine klare Verurteilung der Demontage sowjetischer Kriegsdenkmäler in vielen osteuropäischen Staaten. Als in der Ukraine-Krise 2014 ein deutscher CDU-Abgeordneter die Entfernung aller sowjetischer Kriegsmonumente aus Berlin forderte, verhängte Russland gegen ihn eine Einreisesperre.

Das Bild vieler Russen gegenüber dem wiedervereinigten Deutschland hat sich während der Ukraine-Krise

2014 merklich verschlechtert. Oberflächlich betrachtet kritisieren die Russen an Deutschland vier aktuelle politische Aspekte:

1) Die Migrationskrise 2015, als anderthalb Millionen meist junger arabischer Flüchtlinge unkontrolliert über die zuvor abgeriegelten Außengrenzen nach Europa strömten und von der deutschen Bundeskanzlerin Merkel mit offenen Armen empfangen wurden. Für Russland, das eigene ungelöste gesellschaftspolitische Probleme mit Arbeitsmigranten aus den muslimischen Ländern Zentralasiens sowie Gastarbeitern aus dem Kaukasus hat, führt die deutsche liberale Politik des »Wir-schaffen-das« zu einer unumkehrbaren Destabilisierung, Kriminalität in der Gesellschaft und Islamisierung des europäischen Kontinents. Deutschland verliert für die potenziellen russischen Auswanderer dadurch an Attraktivität.

2) Die massive deutsche Verurteilung der russischen »Wiedervereinigung« mit der Krim, die im Westen als russische Annexion gilt, hat viele Russen verstört. Zumindest hat man sich in Moskau von Deutschland mehr Zurückhaltung in Sachen Kritik gewünscht. Die deutschen und europäischen Sanktionen gegen Russland werden weniger als schädlich für die eigene Wirtschaft denn als eine politische Demütigung verstanden, die von Deutschland ausgeht. Russland hat, durch Gegensanktionen, der deutschen Wirtschaft Zugänge auf den eigenen Markt versperrt. Der Ton im bilateralen Verhältnis ist seitdem rauer geworden, Konferenzen und Regierungskonsultationen sind seit sechs Jahren auf Eis gelegt. Russische Unternehmer

und Touristen verspüren bei Reisen nach Deutschland ernste Probleme, die Banken verweigern ihnen Kredite und Konten. Da sich die Russen nicht als Schuldige oder gar Rechtsbrecher im Ukraine-Konflikt sehen, steigt die Wut auf Deutschland.

3) Russland, das in den Nuller Jahren mit dem islamistischen Terrorismus im eigenen Land fertig geworden ist, wenn auch mit Hilfe von Krieg und Gewalt, sieht den Kampf der EU-Länder gegen denselben islamistischen Terror kritisch. Das hochgelobte liberale Demokratiemodell des Westens sei diesem Schreckensphänomen nicht gewachsen. Russland fürchtet heute weniger den Terrorismus aus seinen islamischen südlichen Nachbarstaaten als die Gefahr des Eindringens von Djihad-Kriegern aus dem Nahen Osten und Nordafrika – einer Region, die der Westen kollektiv durch den misslungenen »Arabischen Frühling« destabilisiert hat. Islamistische Keimzellen in Deutschland, die Terroristen für den »Islamischen Staat« rekrutieren, sind unweigerlich auch eine Gefahr für Russland, das sich zum Ziel gesetzt hat, solchen »Gotteskriegern« in Syrien das Handwerk zu legen. Moskau zeigt sich enttäuscht darüber, dass Deutschland eine konkrete Zusammenarbeit in Syrien ablehnt.

4) In Russland werden westliche Interventionen im postsowjetischen Raum als feindseliger Akt betrachtet. Die Russen sind davon überzeugt, dass die USA und die EU über die Förderung von »orangenen Revolutionen« in den früheren Sowjetrepubliken einen Systemwechsel in Russland erwirken möchten. Lange dachte man in Moskau, die geopolitische Konfronta-

tion sei ausschließlich Sache der Amerikaner. Doch die Russen sagen, dass sie im Zuge des Ukraine-Konflikts auch mit Brüssel einen geopolitischen Rivalen bekommen haben. Seit Beginn des Ukraine-Konflikts wird der russischen Öffentlichkeit deshalb ein negatives EU-Bild oktroyiert.

In Syrien hätte es eine Zusammenarbeit zwischen Russland und Deutschland durchaus geben können. Führende deutsche Politiker haben seit Beginn der russischen Militäroperation in Syrien immer wieder betont: Die Befriedung des Nahen und Mittleren Ostens kann nicht vom Westen allein bewerkstelligt werden, schon gar nicht nach dem militärischen Rückzug der USA aus dieser globalen Brennpunkt-Region. Ohne Russland sei eine Friedenslösung für die von Bürgerkriegen erschütterten Staaten wie Syrien, Libyen und Irak nicht zu erreichen. Doch alle Angebote Putins an die Bundesrepublik wurden abgelehnt. Weder interessierte Merkel ein Stabilitätspakt für Syrien, der diesem geschundenen Land einen Wiederaufbau mit auswärtigen Hilfsgeldern ermöglicht hätte. Noch nahm Deutschland den russischen Friedensplan für Syrien ernst.

Die russische Seite betonte, ihr konkreter Plan sei ernstgemeint. Sollte er realisiert werden, könnten Millionen von Flüchtlingen aus Europa in ihre Heimat zurückkehren. »Waren Massenmigrationsströme nicht die allergrößte Sorge der Deutschen gewesen?«, fragten die Russen bei jeder sich bietenden Gelegenheit. »Warum versperrt ihr euch einer beiden Seiten nützlichen Zusammenarbeit?«

Inzwischen hatten sich aber die Beziehungen zwischen Russland und dem Westen so weit verschlechtert, dass jedes Angebot, jedes Argument, jede Ansicht, die aus Russland kommt – sofort als böse Propaganda und Arglist abgetan wurde. So kann es unmöglich weitergehen.

Jewgenija stöhnt leise. Es nähert sich der historische Zeitpunkt, wo der einst mächtige Westen, wo die europäische Führungsmacht Deutschland endlich verstehen müssen, dass die Weltordnung nicht mehr eindimensional auf die USA und die EU ausgerichtet ist. Das Ende der monopolaren Weltordnung ist längst gekommen. Und den großen, verantwortungsvollen und einflussstarken Staaten des 21. Jahrhunderts steht jetzt die Aufgabe bevor, die neue multipolare Weltordnung so zu gestalten, dass die tektonischen Umbrüche verhältnismäßig, ohne Chaos und vor allem ohne Kriege vonstatten gehen. Die wichtigsten Akteure der Weltordnung sind, so muss man leider feststellen, miteinander zerstritten; sie misstrauen einander zutiefst.

Russland will und kann seine Interessen nicht isoliert vortragen, natürlich benötigt es multilaterale Partnerschaften. Und Deutschland bleibt in dieser Hinsicht Moskaus Wunschpartner. Nur: Deutschland will diese Rolle gar nicht spielen. Jedenfalls nicht unter den jetzigen, transatlantisch ausgerichteten Eliten. Jewgenija lässt im Gespräch keinen Zweifel daran, dass der Westen im Unrecht ist, wenn er behauptet, Putins Russland plane die europäische demokratische Ordnung zu unterminieren. Die Vorwürfe an Russland sprengen jeglichen Rahmen der Logik. Russland wird angeklagt, sich in US-Wahlen einzumischen, das Brexit-Referendum manipuliert zu haben, französische und deutsche Wahlen zu beeinflussen und die Separation Kataloniens von Spanien voranzutreiben. Die Beweise dafür bleiben in den Schubladen der westlichen Geheimdienste versteckt – wenn es überhaupt welche gibt. Die Mär von der permanenten Destruktivität Russlands, von aggressiven Angriffen gegen die westliche liberale Moderne könnte auch dem Zweck dienen, eigene Fehler und Zerfallserscheinungen des westlichen demokratischen Systems zu übertünchen. So ähnlich sahen es die Russen, als sie mit dem Vorwurf des Cyberkriegs konfrontiert wurden.

»Das ist grotesk«, ärgert sich Jewgenija über die ständigen Anschuldigungen. »Waren es nicht die US-Geheimdienste, die jahrzehntelang europäische Verbündete ausspioniert hatten, sogar das Mobiltelefon der Bundeskanzlerin? Warum ist diese Tatsache kein Gegenstand der Kritik? Stattdessen steht Russland am Pranger, obwohl jeder vernünftige Mensch weiß, dass Russland keine Wahlen in so zahlreichen Staaten manipuliert haben kann. Die Knöpfe an den Wahlmaschinen haben russische Spione weder berührt noch die Stimmzettel in den Wahlkabinen ausgefüllt. Inwieweit sich der einfache Bürger in den USA oder sonstwo von russischen Fake News hat beeinflussen lassen, kann nicht ernsthaft nachverfolgt werden. Und wenn schon – haben westliche Aktivisten nicht bei Wahlen in Russland oder der Ukraine ebenfalls massenweise Indoktrination auf Facebook und Twitter betrieben?«

Die Russen können nicht nachvollziehen, warum der Vorwurf der angeblichen russischen Wahlmanipulation in den USA die Beziehungen zwischen Washington und Moskau an den Rand des völligen Abbruchs geführt hat. »Die westlichen Bürger sind doch keine Herde von Schafen, die man in jede beliebige Richtung lenken kann«, lacht Jewgenija. Und außerdem hätten sich europäische Politiker und Medien mit ihrer scharfen Anti-Trump-

Rhetorik massiv in die US-Wahlen 2020 eingemischt. »Das liberale Establishment spürt, dass es überall auf der Welt an Einfluss verliert. Karrieren sind in Gefahr, Konkurrenz droht von den sogenannten Populisten. Verständlich, dass es so wild um sich schlägt. Nur: Russland verdient es nicht, zum Prügelknaben für das Vergehen anderer abgestempelt zu werden«, wirft Jewgenija ein.

Und die Unterstützung rechtsradikaler Parteien in der EU durch Putins Russland? Auch dieser Vorwurf steht ständig im Raum. Hätte es größere Geldströme in diese Parteien hinein aus Moskau gegeben, wäre der Westen mit seinen globalen Aufsichtsbehörden längst dahintergekommen.

Jewgenija setzt eine ernste Miene auf. Sie überlegt kurz, mit welchen Argumenten sie ihre Kontrahenten noch stärker überzeugen kann: »Versetzt euch in Putins Lage. Russland möchte mit Europa Handel treiben und eine sicherheitspolitische Partnerschaft für die Zukunft ausloten. Die EU-Führungseliten lehnen das ab, weil er das ›falsche Weltbild‹ besitzt. Die deutsch-russische Modernisierungspartnerschaft hat Deutschland einseitig aufgekündigt, weil Russland den Weg zur Demokratie verlassen habe. Aber Russland lässt sich aus Europa nicht vertreiben, also versucht die Kremlführung mit denjenigen politischen Kräften in Europa zu reden, die eben keine Berührungsängste vor Russland erkennen lassen.«

Jewgenija weiß, dass viele Deutsche solche Überlegungen nicht hören wollen, trotzdem erklärt sie es ihren Gesprächspartnern immer wieder. Niemand kann vorhersagen, wer in Europa im 21. Jahrhundert regieren wird. Vielleicht bleiben die gegenwärtigen Eliten an der Macht und errichten die Vereinigten Staaten von

Europa, die dann auf liberalen Werten basieren werden. Aber es kann auch einmal anders kommen. Parteien, die heute weit von der Macht entfernt sind, können durchaus an Einfluss gewinnen. Entspricht es nicht einer normalen Logik, dass Russland auch mit solchen Kräften in einen Dialog treten muss, nicht zuletzt deshalb, weil diese selbst den Kontakt nach Moskau suchen?

Soll sich Russland dem Gespräch mit ihnen verweigern, nur um dem Westen einen Gefallen zu tun? Jedenfalls redet Moskau mit den beiden Oppositionsparteien AfD und Linke ausgiebig. Die offizielle deutsche Seite redet schließlich auch ständig mit der russischen Opposition und hat mit Michail Chodorkowski und Alexei Nawalny zwei führende russische Regimekritiker bei sich aufgenommen.

Jewgenija drängt es, das Thema zu wechseln. Sie will heute nicht über Probleme reden, sondern über Chancen in den Beziehungen. Wer hätte das gedacht: 50 Prozent der russischen Respondenten einer Umfrage meinen, sie wollten nach Deutschland umziehen. Und dies, obwohl kaum jemand in Russland der deutschen Sprache mächtig ist. Emigrieren will vornehmlich die jüngere Bevölkerung. Warum? Weil sie dort für sich bessere Karrierechancen sieht und die Meinung vertritt, dass sich die deutsche Regierung vortrefflich um soziale Fragen im eigenen Land kümmere, besser als die russische.

Jewgenija präsentiert beeindruckende Ergebnisse ihrer Umfragen. Drei Viertel der rund 142 Millionen Russen würden deutsche Bürger als Nachbarn oder Arbeitskollegen akzeptieren. Und 71 Prozent können sich Deutsche als Freunde vorstellen. Danach treten die Russen den Deutschen generell sehr offen gegenüber, oft mehr als anderen europäischen Völkern. Nicht mal jeder zehnte Russe steht den Bundesbürgern negativ gegenüber. Es kommt noch besser. In den Augen der meisten Russen gilt Deutschland als hochentwickelte Demokratie, als stabiles Land mit guter medizinischer Versorgung, einer dynamischen Wirtschaft und einem funktionierenden Gemeinwesen. Den Deutschen wird von den Russen hoher Einfluss, vor allem wirtschaftlicher Art, in Europa zugeschrieben.

Trotzdem existiert in der russischen Bevölkerung eine bestimmte Vorsicht gegenüber zu engen Beziehungen mit Deutschland und dem Westen. Die Mehrheit demonstriert einen verhaltenen Ansatz. Einerseits sind die Russen der Ansicht, dass es notwendig ist, mit den USA und der EU in strategischen Fragen, wie beispielsweise dem Kampf gegen den internationalen Terrorismus, zusammenzuarbeiten. Andererseits darf es keine militärische NATO-Präsenz in unmittelbarer Nähe der Grenzen Russlands geben. Dabei entsteht das psychologische Unbehagen augenscheinlich nicht nur, weil die NATO mit einer militärischen Bedrohung assoziiert wird, sondern auch wegen der Unklarheit der Funktionen und Ziele der Nordallianz im Verhältnis zu Russland.

Dennoch wird die Entwicklung guter Beziehungen zwischen Russland und dem Rest Europas als dringlich begrüßt. Vor 20 Jahren, erinnert sich Jewgenija, waren über 50 Prozent der Russen für den Beitritt ihres Landes zur EU. Das hat sich im Verlauf der späteren Konfliktjahre radikal geändert. »Der Sinneswandel der Russen ist nicht unsere Schuld. Ihr in Deutschland und im Westen habt eine historische Chance vertan«, betont sie: »Die deutsche Aussöhnung mit einem Land wie

Polen hätte nicht auf Kosten der guten Beziehungen mit Russland gehen dürfen! So aber hat Deutschland die Russophobie der Polen übernommen.«

Wer kennt den anderen besser – der Russe den Deutschen, oder umgekehrt? Dieser Frage ist Jewgenija nachgegangen. Sie hat herausgefunden, dass jeder dritte Russe, den sie zu einer Umfrage einlud, als Sowjetarmee-Angehöriger in der DDR gedient und dort Deutschland kennengelernt hat. Armeeangehörige konnten Freundschaft mit Deutschen in ihrem Umfeld schließen, genauso wie amerikanische Soldaten in Westdeutschland. Diese Bindungen spielen bis heute eine Rolle, wobei Jewgenija aber erfahren konnte, dass bei den Deutschen diese Verbundenheit mit den Russen weniger stark ausgeprägt ist. Kaum jemand im wiedervereinigten Deutschland macht Urlaub in Russland.

Wenige Deutsche haben begriffen, dass Russland, aus den armseligen Verhältnissen der neunziger Jahre kommend, seine Metropolen schön herausgeputzt hat. Dabei muss betont werden, dass diejenigen Russen, die Deutschland besucht haben und darüber hinaus mehr Eindrücke über Deutschland von ihnen nahestehenden Menschen gewannen, viel größere Sympathie zu Deutschen zeigten als diejenigen russischen Bürger, die noch niemals nach Deutschland gereist waren.

»Was wir von den Deutschen unbedingt lernen müssen, ist Ordnungsliebe«, resümiert Jewgenija. »Ordnung muss sein! Hier sollte Deutschland für das disziplinlose Russland immer ein Vorbild sein.« Wenn Russen Deutschland besuchen, staunen sie über die sauberen Städte, den fehlenden Müll, die vielen Grünflächen, die zahlreichen Kleinunternehmen – die vom Arbeitseifer und Disziplin der arbeitenden Bevölkerung zeugen.

Jewgenija beginnt ihren Schreibtisch wieder aufzuräumen. Die Unterlagen wandern wieder in die entsprechenden Ordner. Die Ordner verstaut sie in den großen Stahlschränken hinter ihrem Rücken. Gerade in der Corona-Pandemie hat sie alle Hände voll zu tun. In ihrem PC sammeln sich Emails, die sie kaum beantwortet. In gefährlichen Zeiten wie diesen bekommt sie oft Anfragen von allerhöchster Stelle. Die Präsidialadministration will nämlich genau wissen, wie die breite Bevölkerung die Lage sieht. Jewgenija bekommt häufig Aufträge, soziologische Umfragen in den russischen Provinzen durchzuführen. Niemand im Kreml möchte von sozialen Unruhen überrascht werden. Aber auch die ausländischen Reaktionen, beispielsweise auf den neuen russischen Impfstoff gegen Covid-19, interessieren die Entscheidungsträger. Man hofft auf eine Verbesserung des russischen Standings in Europa. Was die Beobachtung der Lage in Deutschland angeht, so ist sie prioritär. Putin selbst, heißt es, studiere jeden Tag die deutschen Medien.

Als Fazit gibt Jewgenija Folgendes auf den Weg: »Die Meinungsumfragen der vergangenen zwanzig Jahre sind mehr oder weniger gleichgeblieben. Deutsche und Russen fühlen eine gewisse Sympathie zueinander, misstrauen sich aber noch zu stark, als dass man von einer Freundschaft sprechen könnte. Die Russen bedauern, dass die Deutschen sich mehrheitlich entschlossen haben, auch dreißig Jahre nach dem Fall der Berliner Mauer stärker auf Amerika als auf Russland zu setzen. Je transatlantischer das deutsche Volk wird, umso tiefer ist die Entfremdung von Russland. Heute interessieren sich die Russen viel mehr für Deutschland als umgekehrt Deutsche für Russland. In den russischen Medien wird vielfach über Deutschland berichtet. Das Land interessiert die Russen in allen Facetten. In Deutschland ist das Interesse an Russland abgeflacht. In den deutschen Medien wird nur über Russland berichtet, wenn ein neuer Skandal passiert.«

Jewgenija steht auf dem Standpunkt, dass die deutsch-russischen Beziehungen ihr wahres Potenzial noch lange nicht ausgeschöpft haben. Politiker in beiden Ländern sollten die Bedeutung der bilateralen Beziehungen, auch für die europäische Stabilität, immer vor Augen haben. Deutschland hat sich nach 1945 mit allen seinen Nachbarn in Westeuropa versöhnt, was allen Beteiligten wahrlich nicht leichtgefallen ist und längere Zeit in Anspruch nahm. Aber zu dieser Aussöhnungspolitik existierte damals keine Alternative, ansonsten hätte es in Europa wieder einen Krieg gegeben. 1990 wurde die »deutsche Frage« einvernehmlich für Europa gelöst. Die »russische Frage« ist offengeblieben, ungelöst. Ohne eine Zugehörigkeit Russlands zu Europa wird es auf dem Kontinent aber keinen Frieden geben.

Auf dem Wiener Kongress 1815, als nach dem Sieg über Napoleon die neue europäische Ordnung errichtet wurde, bekam der Verlierer Frankreich trotzdem seinen würdigen Platz in Europa zugesichert. Die Sowjetunion hat den Kalten Krieg klar verloren, aber Russland hätte in die europäische Sicherheitsordnung des 21. Jahrhunderts integriert werden müssen. Gerade Deutschland, dem Verlierer beider Weltkriege, obliegt es, diese historische Wahrheit zu verstehen – und zu korrigieren.

Mischa,
der standhafte Patriot

Der Großteil der türkischstämmigen Einwohner in Deutschland hat, zum Erschrecken deutscher Politiker und Leitmedien, im Referendum 2017 für Recep Tayyip Erdogans Verfassungsänderung und somit für ein autoritäreres System in ihrer Ex-Heimat gestimmt. Das ist keine Überraschung. Deutschrussen geben bei Präsidentschafts- und Parlamentswahlen ebenfalls Vladimir Putin ihre Stimme, obwohl sie ihrem Heimatland für ein besseres Leben in Deutschland den Rücken gekehrt haben.

Türken und Russen, die in Deutschland ihre zweite Wahlheimat gefunden haben, ähneln sich von ihrer Mentalität sehr. Sie leben in Deutschland, weil das Leben hier komfortabler und sicherer ist, das deutsche Sozialsystem mit keinem anderen der Welt zu vergleichen ist, weil die deutsche Wirtschaft momentan die beste der Welt ist und sie hier mehr Geld verdienen können. Aber in der Mehrzahl sind sie keine echten Deutschen vom Denken und politischen Verhalten her geworden. Eine deutsche Leitkultur interessiert sie nicht, die Idee einer europäischen liberalen Wertegemeinschaft ebenso wenig, mit der deutschen Nazi-Vergangenheitsbewältigung identifizieren sie sich nicht, da ihre Vorfahren nicht zum Tätervolk gezählt werden können.

Sie besuchen nicht formal, sondern aus religiösen und traditionellen Gründen und einem Schuss Patriotismus ihre Moscheen und ihre orthodoxen Gemeindekirchen in Deutschland. Der Gedanke, sich in Deutschland zu 100 Prozent assimilieren zu müssen, ist ihnen fremd. Ihre Kinder wachsen mit der Religion ihrer Eltern auf und werden zweisprachig erzogen. Eine Assimilation sieht anders aus.

Der Trugschluss deutscher Politiker war es lange Zeit zu glauben, dass Ausländer, die die Vorzüge des demokratischen Rechts- und Wirtschaftssystems in Deutschland genießen, automatisch auch das hier vorherrschende liberale Wertesystem und die deutsche Leitkultur verinnerlichen würden. Nein, je stärker der Druck auf diese Emigranten, ordentliche Deutsche oder liberale Europäer zu werden droht, desto mehr kapseln sie sich in ihrer traditionellen Wertewelt ab, die sie mit der Muttermilch aufgesogen haben.

Die Mehrzahl der in den letzten Jahrzehnten aus der Sowjetunion emigrierten Russen bezeichnen sich formal als deutsche Staatsangehörige, aber nicht als Deutsche. Oft haben sie zwei Staatsbürgerschaften und bleiben im Herzen ihrer ersten Heimat verbunden. Sie arbeiten und zahlen ihre Steuern in Deutschland, legen ihr Geld in Deutschland an, doch emotional interessieren sie sich weitaus stärker für das Leben in ihrem Herkunftsland. Eine Untersuchung, welche TV-Sender diese Menschengruppen täglich schauen, spricht Bände.

Was heißt das konkret? Wenn deutsche Politiker und vor allem Medien den Staatspräsidenten der Türkei oder Russlands kritisieren und, wie in der jüngsten Vergangenheit, beschimpfen, wecken sie bei den Deutschtürken und Deutschrussen ein Gefühl der Ungerechtigkeit und des verletzten Stolzes. Dass türkische Minister in Deutschland Auftrittsverbote bekamen und russische Politiker aufgrund von Sanktionen nach Deutschland Einreiseverbote erhielten, empfanden diese Menschen als Schmähung. Es folgte eine trotzige Gegenreaktion. Diese Menschen sind gar nicht unbedingt für Erdogan und Putin – aber sie stellen sich schützend vor ihr Geburtsland, wenn die Angriffe zu laut werden.

Wenn Deutschtürken oder Deutschrussen Kritik an der deutschen Politik äußern und sogar protestieren, wie im Falle des vermeintlich vergewaltigten deutschrussischen Mädchens Lisa, wird von den deutschen Behörden und Medien sofort der Verdacht geäußert, die Geheimdienste der Türkei und Russlands würden ihre ehemaligen Landsleute zu Propagandazwecken instrumentalisieren. Ein Trugschluss! Vielmehr waren die russischen Proteste vor dem Kanzleramt Ausdruck einer tiefen Entfremdung zwischen Deutschrussen und der Merkel-Regierung inmitten der Flüchtlingskrise. Diese Entfremdung war auch in breiten Kreisen der deutschen Bevölkerung zu spüren.

Eigentlich sind die Deutschtürken und Deutschrussen der Bundesrepublik dankbar, dass sie oder ihre Eltern hierher emigrieren konnten, um sich ein besseres Leben aufzubauen. Aber in Zeiten der Globalisierung und unbegrenzter Reisemöglichkeiten haben sie – anders als die Vertriebenen aus dem kommunistischen Ostblock im vergangenen Jahrhundert – ihrer ersten Heimat nicht aus politischen, sondern aus wirtschaftlichen Gründen den Rücken gekehrt. Sie empfinden großen Stolz, auch in Deutschland Türken oder Russen zu sein. Strengere deutsche Gesetze werden die Mentalität dieser Menschen nicht ändern können. Deutschland will Einwanderungsland bleiben, schon aus demographischen Gründen. Also wird Berlin damit umgehen müssen, auch mehr Sensibilität und Flexibilität gegenüber den Menschen mit Migrationshintergrund zu zeigen.

Mischa ist aus Deutschland nach Russland zurückgekehrt, um in der Corona-Pandemie, die die Bevölkerungen der ganzen Welt in Mitleidenschaft gezogen hat, seinem wirklichen Heimatland verbunden zu sein. Außerdem möchte er sich unbedingt mit dem russischen Impfstoff gegen Covid-19 impfen lassen. Viele russische Persönlichkeiten haben sich den Sputnik V Impfstoff demonstrativ spritzen lassen, die Medizinforscher und Virologen in Moskau versprechen einen Erfolg. In Deutschland wird es mit dem angekündigten Impfstoff für die Bevölkerung bis 2021 dauern. Mischa würde gern einige Exemplare des russischen Wundermittels nach Deutschland mitbringen, obwohl er weiß, dass dieser Wirkstoff in Europa verboten ist.

»Das ist wieder einmal typisch«, klagt er: »Die Russen haben möglicherweise eine wirksame Waffe gegen die Pandemie gefunden, aber die USA und EU erkennen sie – aus Konkurrenzgründen – nicht an. Sie wollen nicht, dass russische Pharmakonzerne auf ihrem Markt wildern.« Dabei ginge es doch um die Rettung von Menschenleben. Aber die Corona-Krise hat die Völker der Erde in der gemeinsamen Not wohl doch nicht näher rücken lassen. Jeder scheint sich selbst der Nächste zu sein. Mischa ist überzeugt, dass die Pandemie der Weltgemeinschaft die einzigartige Chance geboten hat, bestehende Konflikte auf Eis zu legen und an einem gemeinsamen Strang zu ziehen. Russland jedenfalls hat seine Bereitschaft zur allumfassenden Kooperation nach allen Seiten kundgetan, ist aber – was keine Überraschung war – im Westen auf taube Ohren gestoßen.

Schon Napoleon hatte vor über 200 Jahren zu seinem Großstallmeister Caulaincourt gesagt: »Die Russen müssten allen Völkern als Geißel erscheinen. Der Krieg gegen Russland ist ein Kampf im wohlverstandenen Interesse des alten Europas und der Zivilisation.« Ähnlich dachte Hitler über das bolschewistische Russland, dessen Bevölkerung er als »asiatische Untermenschen« bezeichnete, die der germanischen Zivilisation unterlegen wären. Für Mischa war seit Jahren ein neuer Konflikt Russlands mit dem Westen vorprogrammiert. Über Russland wurde im Westen nur zu einem Zeitpunkt positiv berichtet: in Gorbatschows Perestroika-Zeit, als das rote Imperium zusammenbrach.

Warum existiert diese latente Feindschaft, und zwar seit Jahrhunderten? Das fragte sich Mischa bei seinem abendlichen Spaziergang entlang der großen Uferpromenade Krasnopresnenskaja. Gestern ließ er seinen Blick auf die neuen riesigen Wolkenkratzer streifen, die in der neuen Moskauer City wie Pilze aus dem Boden sprossen. Ein Sinnbild dafür, dass Russland in den vergangenen zwanzig Jahren wieder zur Spitze der weltführenden Wirtschaftsmächte aufgeholt hat. Hinter ihm lag das Regierungsgebäude, das russische Weiße Haus, das in der jüngsten Geschichte – während des Oktoberaufstandes 1993 – von Boris Jelzin mit Panzern beschossen worden war. Zweifellos hatte Russland nach dem Kommunismus turbulente und schwere Jahre hinter sich. Es erlebte eine Achterbahnfahrt, aber ging nicht unter, zerfiel nach 1991 nicht weiter, wie es viele im Westen vielleicht gehofft hatten. Russland überstand zwei gefährliche Finanzkrisen – und besiegt auch

Corona. Mischa fühlt sich glücklich, glühender Patriot zu sein.

In der Bundesrepublik leben heute 6 Millionen russischsprechende Menschen, 3 Millionen von ihnen sind als Aussiedler oder jüdische Kontingentflüchtlinge aus der ehemaligen Sowjetunion in den letzten 30 Jahren nach Deutschland migriert. Nach deutschen Behördenangaben sind Staatsangehörige der Russischen Föderation bei den 6 Millionen Zuwanderern in der Minderheit. Der größte Anteil an Migranten aus der zerfallenen Sowjetunion sind aus der Ukraine, Kasachstan und anderen Republiken nach Deutschland umgesiedelt. 90 Prozent der Zuwanderer aus den letzten 30 Jahren siedelten sich in Ostdeutschland an.

Doch in Wirklichkeit kennt niemand die genaue Größe der russischen Diaspora. Denn darüber hinaus leben in Deutschland viele Asylsuchende oder illegal Arbeitsuchende, teilweise auch Unternehmer aus der Ex-UdSSR, die zu anderen Statistiken zählen. Nicht zu vergessen – die Generation der alten russische Emigrationsbewegung, die in zwei Wellen – nach der Oktoberrevolution und im Zweiten Weltkrieg – Deutschland erreichte. Zwar ist sie inzwischen ausgestorben, aber ihre Kinder und Enkel – also Deutsche mit Migrationshintergrund – leben in Deutschland, viele von ihnen pflegen die russische Kultur, Religion und Sprache. Die russischen Flüchtlinge aus dem Bürgerkrieg oder spätere Rotarmisten und Ostarbeiter, die nach dem Krieg nicht mehr in ihre Heimat zurückkehrten, bildeten – psychisch geschädigt durch ihre sowjetischen Lebenserfahrungen – in der Diaspora antikommunistische Organisationen. Sie suchten im Westen einen Verbündeten im Kampf gegen den Bolschewismus oder wurden von westlichen Stellen für den Propagandakrieg gegen den Kommunismus rekrutiert. Vereint waren diese Emigranten hauptsächlich in den orthodoxen Kirchen im Ausland. Der offizielle sowjetische Staat betrachtete sie als Feinde, und umgekehrt. Eine russische Persönlichkeit, die sich in den Nachkriegsjahren in Deutschland für die deutsch-russische Aussöhnung besonders erfolgreich eingesetzt hat, war Lew Kopelew.

Anfang der neunziger Jahre öffneten sich die Grenzen der Sowjetunion und Millionen von neuen Sowjetbürgern emigrierten in den Westen, viele von ihnen nach Deutschland. Anfang des 21. Jahrhunderts gründeten diese Emigranten in Deutschland zahlreiche Kulturzentren, Wirtschaftsvereinigungen, Medien – anders als die vorangegangene Diaspora konnten sie sich ungehindert zwischen Russland und ihrer neuen Wahlheimat, der Bundesrepublik, bewegen. Damals entstand der Begriff des »reichen Russen«, der sein Geld in Russland verdiente, aber seine Familie nach Deutschland in Sicherheit brachte. In Berlin-Grunewald ist in den letzten Jahren jede dritte neue Villa von einem Russen oder Ukrainer erbaut worden. Klar, dass ihnen Neid entgegenschlägt, weil man inzwischen weiß, dass dieser Personenkreis zuhause kaum Steuern bezahlt.

In ihrer Mehrzahl waren die Emigrierten jedoch keine reichen Russen, sondern gut ausgebildete Techniker und Künstler, die eigentlich dafür prädestiniert gewesen wären, eine Brückenfunktion zwischen beiden Ländern einzunehmen. Sie hätten ein großer Gewinn für die deutsch-russischen Beziehungen werden können. Dazu kam es nicht – wohl aus finanziellen Gründen. Weder der russische noch der deutsche Staat sah einen politischen Sinn darin, diese Art von zivilgesellschaftlichem Austausch zu fördern: als Brücke fungierte schon der Petersburger Dialog. Ein Fehler, denn Personen mit russischen Sprachkenntnissen und kultureller Nähe zur ehemaligen Heimat hätten ihre Landeskenntnisse vorteilhaft für die nach Osten orientierte deutsche Export-Wirtschaft einbringen und somit im internationalen Wettbewerb von Gewinn sein können.

Nach Ansicht von Mischa haben sich die russischen Emigranten, sofern sie sich nicht völlig in Deutschland assimiliert haben, in letzter Zeit radikalisiert – sowohl in eine Pro-Putin- als auch in eine Anti-Putin-Richtung. Das Verhältnis zwischen den beiden rivalisierenden Lagern schätzt er auf 1:1. Seit der Öffnung Russlands gegenüber Europa vor 300 Jahren gab es in der russischen Elite und Gesellschaft stets einen nicht unbedeutenden Anteil an Liberalen, die eine geistige und politische Verankerung ihres Landes im Westen wünschten und dafür kämpften. Im heutigen Russland liegt dieser Bevölkerungsanteil schätzungsweise bei 15 Prozent. Demgegenüber unterstützen 80 Prozent der russischen Bevölkerung einen politischen Kurs der nationalen Interessen. Der Fehler Deutschlands und des Westens ist stets gewesen, auf die einflussarme pro-westliche Minderheit zu setzen und den Großteil der Bevölkerung und deren Ansichten zu ignorieren.

Mischa lässt kein gutes Haar an den russischen Regimekritikern in der Diaspora. Sie hätten allesamt eine gute Ausbildung in der Sowjetunion oder im späteren Russland erhalten, kannten die objektiven Schwierigkeiten der Transformationsprozesse in ihrer Heimat – und trotzdem würden sie sich zu den resolutesten Kritikern Putins aufschwingen. Das sei nicht patriotisch, schade den bilateralen Beziehungen. Die russische Diaspora war damals auch strikt gegen die Ostpolitik – Willy Brandt wurde von ihr als Verräter und Sowjetagent tituliert. »Man muss berücksichtigen, dass viele politische Dissidenten aus Russland nach Deutschland kommen, um hier gegen das Regime in ihrem Heimatland zu kämpfen. Diese Menschen sind oft psychisch verstümmelt worden, sie hassen die Macht in Russland«, weiß Mischa aus eigener Erfahrung mit solchen Personen zu berichten. Unglücklicherweise hören deutsche Politiker und Medien ausschließlich auf diese Kreise, wenn sie wahrheitsgetreue Informationen aus Russland hören möchten.

»Erwartungsgemäß stehen Migranten ihrer Ex-Heimat betont negativ und der neuen Heimat übertrieben positiv gegenüber. Denn diese Menschen benötigen Gründe, die sie zu Flucht oder Umzug genötigt haben. In der russischen Geschichte gab es stets politische Emigranten, die zum Feind überliefen und vom Ausland her ihr Heimatland zu bekämpfen trachteten«, muss Mischa zugeben. Er kennt die Gründe, warum Millionen Russland verlassen. An erster Stelle nennen sie die wirtschaftlichen Bedingungen, die in der Bundesrepublik so viel besser sind als in Russland. Sie kritisieren die mangelnde Rechtsstaatlichkeit in Russland und das Aushöhlen der demokratischen Institutionen. Weit vorne in der Skala liegt auch das hochentwickelte deutsche Sozialsystem, das jeden in Deutschland gegen Missstände wie Krankheit und Arbeitslosigkeit absichert.

Er selbst, versichert Mischa, kritisiert Putins Politik: die ausbleibende Modernisierung der Wirtschaft, die Diskriminierung von Andersdenkenden. Aber er betont auch, dass Russland keine Sowjetunion mehr sei. Er hält es mit dem berühmten russischen Dichter Alexander

Puschkin, der vor 200 Jahren gesagt hatte: »In Russland passieren schlimme Dinge, die wir verurteilen. Aber wenn ein westlicher Ausländer Russland anfängt schlechtzureden, werden wir alle zu Patrioten.« Mit anderen Worten: Der Westen soll sich nicht in russische innere Angelegenheiten einmischen.

Mischa sitzt nun in einem ukrainischen Restaurant an der Uferpromenade, gegenüber dem Internationalen Handelszentrum, in dem, trotz Corona, kleinere Konferenzen abgehalten werden. Aus dem Fenster sah er gerade die Autokolonne des Premierministers auf das breit angelegte Territorium des Zentrums vorfahren. Wie wichtig, denkt er, wäre jetzt eine konstruktive Zusammenarbeit Russlands mit Deutschland. In einer Zeit, in der Amerikaner und Chinesen sich Schlachten um globale Märkte, Technologien und das neue Regelwerk für die Globalisierung liefern, sollten Russen und Deutsche einander beistehen und gemeinsam die europäische Wettbewerbsfähigkeit sowie den Industriestandort Europa gegen die amerikanische und chinesische Rivalität festigen.

In Deutschland fällt es Mischa allmählich schwer, Russland zu verteidigen und für die deutsch-russische Freundschaft zu werben. Früher warf er sich in die Schlacht, ließ kein Streitgespräch aus, argumentierte und focht mit dem Florett statt mit einer Keule. Doch die Zeiten haben sich geändert. Seine deutschen Kontrahenten wollen die russischen Argumente nicht mehr zur Kenntnis nehmen. Ein russisches Narrativ interessiert nicht mehr. Damit suggerieren die deutschen Politiker und Medienvertreter, dass sie dem offiziellen Russland prinzipiell misstrauen und keinen Respekt mehr entgegenbringen. »Sogar die Sowjetunion wurde, trotz offener

Feindschaft, stets respektiert. Aber die Russische Föderation wird niederträchtig behandelt und absichtlich gedemütigt. Das wird Russland nicht auf sich sitzen lassen!« ist sich Mischa ganz sicher.

»Die Russen haben ein falsches Bild von Deutschland und der deutschen Politik«, stellt Mischa fest. Er bestellt einen großen ukrainischen Vorspeiseteller – Zakuski – und bittet die in einer bunten Nationaltracht bedienende Kellnerin, den kalten Wodka – Horilka – einzuschenken. Nach einem kräftigen Schluck wischt er sich mit dem Ärmel die Lippen trocken und analysiert die Rolle der vierten Gewalt in Deutschland: »Die Machtverteilung in Deutschland ist komplizierter, als man das in Russland wahrnehmen will. In Moskau denkt man, Merkel regiere ihr Land so wie Putin Russland, alles hinge von ihr ab und man müsse, wenn man etwas erreichen will, dies ausschließlich über die Bundeskanzlerin versuchen. Dieses Bild ist aber falsch. In Deutschland hat sich, wie in Westeuropa, das demokratische System verändert. Die Exekutive und Legislative sind bei weitem nicht mehr so mächtig wie am Anfang des Bestehens der demokratischen Bundesrepublik.«

Im Folgenden erklärt Mischa seinen russischen Gesprächspartnern, dass die Medien heutzutage stärker in die Politik und Gesellschaft einwirken als etwa Politiker. Sie heißen offiziell die vierte Gewalt, sind in Wirklichkeit aber federführend in vielen politischen Fragen, und man kann sie fast schon als erste Gewalt bezeichnen. Medien entscheiden in ihren Redaktionsstuben, welche Kampagnen sie gegen wen fahren, welchen politischen Standpunkt sie, miteinander koordiniert, in der Öffentlichkeit »durchdrücken«. Redakteure und Korrespondenten definieren in Fernsehkommentaren und

Leitartikeln die politische Agenda, sie rufen sogar zu »Kriegen gegen Diktatoren« auf, wie man es während des Arabischen Frühlings beobachten konnte.

In der Gründungsphase der Bundesrepublik strebte die Presse reine Berichterstattung an, mit Ausnahmen natürlich. Heute sind die Medien so mächtig, dass sie sogar einen Bundespräsidenten oder einen Minister zu Fall bringen können, wenn sie sich dieses Ziel setzen. Statt zu informieren und sich einer nüchternen Berichterstattung zu widmen, haben sich die Leitmedien auf das Moralisieren und Erziehen der Leser kapriziert. Die russischen Medien arbeiten völlig anders, ihre Aufgabe ist es, die staatliche Politik zu unterstützen. Der russische Politikwissenschaftler Michail Deljagin sagt: »In Deutschland sind die Medien Ermittler, Staatsanwalt, Richter und Henker zugleich.« Viele deutsche Politiker hätten regelrechte Angst, positiv über Russland zu reden, weil sie dafür zuhause sofort verunglimpft werden.

Wenn Russland das Demokratiesystem in Deutschland besser verstehen will, muss es die Entwicklung in Deutschland genauer analysieren. Verschwörungstheorien von dunklen Mächten wie der Five-Eyes-Allianz sollten sich nicht zu eigen gemacht werden, obwohl der Einfluss von amerikanischen und britischen Geheimdiensten auf die deutsche Politik in Einzelfällen nicht ausgeschlossen werden darf.

Neben den Medien spielen im demokratischen System der Bundesrepublik auch die Nichtregierungsorganisationen (NGOs) eine bedeutende Rolle. Auch das wird in Russland völlig verkannt, weil Moskau die Funktionsweise der Zivilgesellschaft im Westen missversteht. NGOs sind in Deutschland heilige Kühe, die man niemals schlachten darf. Sie stehen oberhalb jeglicher Kritik, wenn sie sich für die Ziele der liberalen Moderne einsetzen, also Menschenrechte, Umweltschutz, Genderpolitik.

Putin scheint ein Auge auf diese fremdartige Entwicklung geworfen zu haben. Er schließt nicht aus, dass eines Tages alle Staaten der Welt von NGO-Strukturen regiert werden. Heute treffe das allerdings auf sein Land nicht zu. Dass sich NGOs in die deutsche Außenpolitik unmittelbar einmischen und die Russlandpolitik Berlins offensichtlich mitbestimmen, schien russischen Beobachtern vor Kurzem noch absurd, heute werfen sie einen anderen Blick darauf und vermuten George Soros als Übermacht im Netz globaler NGO-Verstrickungen. Dieser Milliardär fördert mit dem Instrumentarium der NGOs überall auf der Welt Regimewechsel. Letzteres sieht der Kreml als direkten Angriff auf sein politisches System und schlägt zurück – mit den gleichen Waffen der Soft Power.

Das eigentliche Problem sind nicht die NGOs selbst. Wären sie weniger hyperkritisch gegenüber Russland, könnte zwischen russischen und deutschen Bürgerinitiativen eine fruchtbare Kooperation entstehen. Die Russen nennen das Völkerdiplomatie. Mischa meint, dass gerade auf diesem Gebiet große Chancen einer bilateralen Verständigung und Zusammenarbeit vertan worden sind.

Mischa bestellt die Hauptspeise – ukrainische Dranniki – und kommt aus dem Erzählen gar nicht heraus. Der russische Außenminister Sergej Lawrow hat kürzlich den Artikel eines führenden Russlandexperten der Grünen zu Gesicht bekommen. Darin wird der Bundesregierung geraten, die alte Ostpolitik gegenüber Russland vollständig abzubrechen und zu einer Eindämmungspolitik überzugehen. Man könne mit Russland nur noch in wenigen Teilbereichen kooperieren, aber auch dort ginge es nicht ohne ständigen Druck auf Moskau. Praktisch wird Russland in dem Papier als Schurkenstaat dargestellt, der gegenüber dem Westen nur seine machtpolitischen Interessen durchsetzen wolle, die mit den deutschen nirgends korrespondieren. Deutschland soll gegenüber Russland eine Politik der Stärke umsetzen. Sollte das Auswärtige Amt dieser Empfehlung folgen, wäre der Dialog tot – dann existiert nur noch der Monolog, resümiert Mischa.

Doch wie sollte eine Zusammenarbeit zwischen Deutschland und Russland in schwierigen Zeiten aussehen? Im September 2021 stehen die nächsten Bundestagswahlen an. Noch wichtiger als die kommenden Parlamentsmehrheiten ist für die bilateralen Beziehungen die Frage, wer die Kanzlerschaft übernehmen wird. Von den Bewerbern um die Kanzlerschaft aus der stärksten Volkspartei, der CDU, stehen zwei Politiker mit beiden Beinen im transatlantischen und höchst Russland-kritischen Lager. Die Ministerpräsidenten von Nordrhein-Westfalen und Bayern, die beide gute Chancen haben, Merkel im höchsten Amt zu beerben, sind allerdings positiv gegenüber Russland gestimmt. Beide sind Pragmatiker und werden – was das Russland-Engagement angeht – stärker auf die deutschen Wirtschaftskapitäne hören, die bekanntlich ein positives Russlandbild pflegen.

Mischa weist zurecht darauf hin, dass es neben dem Wechsel im Kanzleramt aller Wahrscheinlichkeit nach an der Spitze des Bundesaußenministeriums zu grundlegenden Veränderungen kommen wird. Bei aller Russland-Skepsis von Angela Merkel saßen während ihrer sechzehnjährigen Amtszeit auf dem Posten des Außenministers drei SPD-Politiker, die sich mehr oder weniger dem Erbe der Ostpolitik verpflichtet fühlten. Auch der FDP-Vorsitzende in diesem Amt folgte den Ratschlägen seines Ziehvaters Hans-Dietrich Genscher, der immer für eine ehrliche strategische Partnerschaft mit Russland eintrat.

Russland kennt die Partei der Grünen nur sporadisch. Deren Politiker gehören nicht zu denen, die oft nach Moskau pilgern oder für Verständnis für Russland werben. In Moskau erinnert man sich an die Kanzlerschaft Schröders zur Jahrhundertwende. Der Kanzler selbst war pro-russisch, sein Außenminister Joschka Fischer kritisch gegenüber Russland eingestellt. Unter den Politikern der Partei Die Grünen kann man lange nach einem Russland-freundlichen Anwärter auf den Chefposten im Auswärtigen Amt Ausschau halten.

Russland muss sich, falls die Grünen der nächste Koalitionspartner der CDU/CSU in der Bundesregierung werden, auf eine Eiszeit in den bilateralen Beziehungen einstellen. Die Grünen werden die Werte-Orientierung in der deutschen und europäischen Russlandpolitik noch stärken. Wichtige Wirtschaftsprojekte wie die Nord-Stream-Pipeline könnten in Frage gestellt werden, weil unter den Grünen das Primat von Moral und Menschenrechten über politischen und wirtschaftlichen Interessen stehen wird. Verliert die Bundesrepublik die Russen dann endgültig? Die Frage ist durchaus berechtigt.

In den russischen Forschungsinstituten sind Studien über die Partei der Grünen längst in Auftrag gegeben worden. Dort wird der »Marsch durch die Institutionen«, den die 68er Bewegung in Deutschland einmal proklamiert hat, als die Erklärung für den großen Einfluss der Grünen auf die Politik in Deutschland gesehen. Die Grünen sind mit ihrer normativen Politik der Hypermoral und revolutionärem Eifer, was die Umformung der Gesellschaft von einer national-traditionalistischen zu einer universell-liberalen angeht, zum entscheidenden Machtfaktor geworden. Sie diktieren den Mainstream, sie betreiben erfolgreiche Kaderpolitik in allen relevanten politischen und öffentlichen Institutionen. Sie haben der deutschen Politik Haltung und Gesinnung verschrieben, gegen die nicht verstoßen werden darf.

Im Kreml betreibt man fleißig Aktenstudium über Die Grünen und ihre Anführer. Diese gelten als frühere Marxisten, beziehungsweise Trotzkisten, die vor 40–50 Jahren mit der Sowjetunion sympathisierten. Sie setzten schon damals auf einen linken Gesellschaftsumbau der Bundesrepublik. Wer, wenn nicht Die Grünen, sind die Architekten der Friedensbewegung der achtziger Jahre gewesen, die auch den Antiamerikanismus auf breiter Flur predigten? Sie hofften auf einen demokratischen Sozialismus in der Sowjetunion, als sich aber die UdSSR auflöste und der Sozialismus weltweit an Bedeutung verlor, wendeten sich die Grünen enttäuscht von ihren alten Ideologien ab. »Heute sehen die Grünen in den USA den Hüter von Demokratie und Menschenrechten auf der ganzen Welt und in Russland einen Bösewicht, der ein verpöntes nationalstaatliches, anti-modernes System forciert«, weiß Mischa aus seinen Gesprächen zu berichten.

Deutschland sollte in europäischen und nicht transatlantischen Kategorien denken. Historisch gesehen sind Russland wie Deutschland europäische Staaten. Russland sagt, dass ein Europa nur dann stabil wird, wenn sowohl der Osten als auch der Westen an seiner

Architektur beteiligt sind. In den Augen der Russen bleibt Deutschland, trotz seiner transatlantischen Bindungen, eine europäische Mittelmacht, die sich früher oder später von der angelsächsischen Sichtweise lösen wird. Sollte Deutschland die Mittelmachtrolle auf dem Kontinent nicht ausfüllen, werden es in einigen Jahren die Polen tun. Die Russen wollen Teil einer gesamteuropäischen Lösung sein und weigern sich, ein Europa zu akzeptieren, das ausschließlich auf den Säulen NATO und EU basiert.

Sehen Verantwortliche in Deutschland denn nicht, dass ein Europa, das sich ausschließlich auf EU-Interessen gründet, eine Chimäre ist? Großbritannien entfernt sich aus der EU und nähert sich den USA an. London wird eine eigenständigere Rolle in Europa spielen, in Konkurrenz mit der EU. Die Türkei ist auf dem Weg, ihre alte, osmanische Hemisphäre in Südosteuropa wieder zu errichten – ebenfalls in scharfer Konkurrenz zur EU. Ankara hat seine Bestrebungen, der EU beizutreten, aufgegeben. Schließlich beginnt das aus dem Osten expandierende China, eine immer einflussreichere strategische Rolle in Europa zu spielen – zum Ärger von Brüssel.

In Russland fragt man sich: Wo ist die alte deutsche Sowjetschule? Interessiert man sich in Deutschland gar nicht mehr für die Niederungen russischer Außenpolitik? Russland sucht mit China und der Türkei seine eigenen Sonderbeziehungen einzugehen. Den Chinesen hat Russland den Einfluss auf Zentralasien überlassen, den Türken den Zugang in den Südkaukasus. Hier entstehen neue Machtzentren der Weltpolitik. Wie blind muss die deutsche Diplomatie sein, weiter ausschließlich auf eine Werte-orientierte Politik zu setzen, wenn draußen die Stürme der Geopolitik am europäischen Dach rütteln?

Führt man in Moskau Gespräche über die Zukunft Europas, hört man die Irritationen hinsichtlich der deutschen Außenpolitik deutlich heraus. »Wo sind die rationalen Kräfte, die zur Realpolitik zurückkehren und mal darüber nachdenken, welche gemeinsamen Gestaltungsmöglichkeiten existieren?« Deutschland, so die russische Seite, soll die transatlantische Gemeinschaft nicht verlassen, aber wenigstens eine Äquidistanz zu Washington und Moskau einnehmen. In Russland verstehen viele Politiker und einfache Bürger die transatlantische Verbundenheit der Deutschen zu Amerika nicht. »Was haben die Amerikaner mit den stolzen Teutonen angestellt, dass diese den Amerikanern so hörig sind?« – diese Frage wird überall gestellt. Die Russen denken, dass die Deutschen sich 1945 von den Amerikanern besiegt, erobert und besetzt gefühlt haben müssen und nun endlich souverän werden wollen.

Die in Deutschland vielbeschworene Schicksalsgemeinschaft mit den Amerikanern versteht man in Moskau nicht. Aus der Geschichte Europas kann sie jedenfalls nicht erklärt werden. Auch die Schuld für das permanente Russland-Bashing der deutschen Leitmedien sieht der Russe ausnahmslos bei den Amerikanern. »Die wichtigsten deutschen Medien gehören doch den Amerikanern«, hört man dieser Tage im Kreml.

Zutiefst überrascht und irritiert ist man in Russland deshalb von der Reaktion der Bundesregierung auf den Fall Nawalny. Die von der Bundesregierung ausgehende öffentliche Bezichtigung des russischen Staats, den Blogger vergiftet zu haben, ist für Russland ein feindlicher Akt, für den sich Deutschland verantworten muss. Deutschland müsse Russland schon glauben, wenn von offizieller Seite bestätigt wird, dass Nawalny auf russischem Territorium nicht vergiftet worden ist. Ansonsten steht der russische Staat, von den Deutschen brüskiert, als Lügner da. Die russische Seite ist nicht abgeneigt, Ermittlungen, sogar international, im Fall Nawalny einzuleiten, fordert aber dafür auch von der deutschen Seite Kooperation.

Da beide Seiten sich so intransparent verhalten, wird der Fall Nawalny zu den Akten gelegt werden. Er ist bald Schnee von gestern, sagen die Russen, aber den bilateralen Beziehungen hat er ungeheuren Schaden zugefügt. Warum ist Deutschland so in Rage geraten und riskiert die Zerstörung des Verhältnisses zu Russland?, fragt man sich in Moskau. Das alles riecht nach einer anti-russischen Provokation.

Mischa kann nicht ausschließen, dass russische Geheimdienste doch hinter den Attacken gegen FSB- beziehungsweise GRU-Überläufer stehen. Alexander Litwinenko und Sergej Skripal wurden in England Opfer von Giftanschlägen, beide hatten eng mit britischen Geheimdiensten gegen Russland zusammengearbeitet. Es sind nicht nur russische Geheimdienste, die solchen Verrat mit gezielten Tötungen vergelten. In der Regel gibt kein Geheimdienst der Welt im Nachhinein einen solchen Anschlag offen zu. Auch der Tiergartenmord am tschetschenischen Georgier Selimchan Changoschwili, der an Terroranschlägen gegen Russen beteiligt gewesen war, sei ein Rache- und Bestrafungsakt gewesen. »Diese Delikte haben aber alle nichts mit Deutschland zu tun, ebenso wenig die Vergiftung Nawalnys. Sie sind in keiner Weise gegen die Bundesrepublik gerichtet gewesen. Alles russische Innenpolitik! Wieso nimmt Deutschland diese Fälle zum Anlass, die diplomatischen Beziehungen zu Russland zu gefährden?«

Deutschland könne solche provokanten Rechtsbrüche seitens Russlands nicht hinnehmen, es muss Moskau für sein Verhalten streng bestrafen – wird Mischa in Berlin vorgehalten. Solche Vorwürfe machen Mischa rasend. »Wo bleibt die deutsche Kritik und Sanktionspolitik im Falle Julian Assanges? Der Whistleblower, der für die Aufdeckung des amerikanischen Abhörskandals gegen die Europäer verantwortlich war, wird in den USA und Großbritannien wie ein Terrorist verfolgt, die Briten sollen versucht haben, ihn zu vergiften, in Amerika, wohin er ausgeliefert werden soll, droht ihm die Todesstrafe.«

Die russischen Medien sind aufgebracht. »Wo bleibt die deutsche Entrüstung im Falle des Dissidenten Jamal Kaschoggi, den der saudische Kronprinz im saudischen Konsulat von Istanbul umbringen ließ? Wo empört man sich in Deutschland über die gezielte Tötung des iranischen Kommandeurs der Al-Kuds-Brigaden, Quasim Soleimani, durch die USA? Warum wird in Deutschland weiterhin toleriert, dass die USA ihren Drohnenkrieg im Mittleren Osten, dem tausende Unschuldige zum Opfer fallen, von Ramstein aus führt?« Im Verhalten Deutschlands kann Mischa nichts anderes erkennen als eine Politik doppelter Standards. So macht man mutwillig die Beziehungen kaputt.

Draußen, an der frischen Luft, holt Mischa zunächst einmal tief Atem. Fasziniert schaut er die beleuchtete Uferpromenade hinauf. In den Büros auf den obersten Etagen der City-Wolkenkratzer brennt überall Licht, riesige Baukräne vollführen ihre kunstvollen Drehungen vom Dach eines fast fertiggestellten, 60 Etagen hohen Gebäudes. Trotz Corona-Pandemie pulsiert das Nachtleben in Russlands Metropole. Mischa glaubt, dass in den letzten 20 Jahren Moskau sein Stadtbild rasanter verändert habe als jemals zuvor in seiner Geschichte. Aus einem Dunkel-Moskau am Ende des Kommunismus ist hier, an der Moskwa, eine lebenswerte und interessante europäische Großstadt mit 16 Millionen Einwohnern entstanden.

Wenn Deutschland die Annäherung an Moskau nicht will, wird sich Russland auf Frankreich, die andere Führungsmacht in Europa konzentrieren. Die Pläne für einen solchen Strategiewechsel liegen in der Schublade. Emmanuel Macron wird, nach dem historischen Abgang Merkels im Herbst 2021, zu einem Präsidenten heranreifen, der das Zeug hat, Europa in die neue Ära zu führen und eine neue Sicherheitsarchitektur zu erschaffen. Russland ist nicht entgangen, dass Macron sich deutlicher als andere europäische Staatschefs für eine Annäherung an Russland ausgesprochen, der NATO den »Hirntod« diagnostiziert und Deutschland zuletzt eine engere militärische Zusammenarbeit auch im Hinblick auf sein Atomprogramm angeboten hat, die den US-Schutzschirm einmal ersetzen könnte. Für Moskau sind das keine schlechten Nachrichten.

Allerdings hat man in Moskau die deutsche Reaktion auf Macron ebenfalls registriert. Berlin setzt demonstrativ darauf, an der atomaren NATO-Kriegsplanung beteiligt zu werden. Im Ernstfall sollen deutsche Bomber mit US-Atomraketen bestückt werden. Für Deutschland scheint dies die attraktivere Option zu sein, als Macrons Vorschlag anzunehmen. Im bewährten transatlantischen Bündnis fühlt sich Berlin sichtlich wohler als Seite an Seite mit einem französischen Nachbarn, der zu stark eigene Machtambitionen demonstriert. Das beweist die reflexhafte Anbiederung des Bundesaußenministers, der dem französischen Präsidenten nach dessen NATO-Kritik öffentlich in den Rücken fiel. Berlin lässt Paris auflaufen und Macron wegen seiner Forderungen nach einer Integration Russlands in die europäische Sicherheitspolitik alt aussehen.

Russlands Europa-Experten spitzen ihre Bleistifte. Täglich berichten sie ihren Vorgesetzten über neue politische Turbulenzen in Europa. Sie stellen fest: Deutschland kann Europa verwalten, aber nicht gestalten. Während Frankreich der Idee von einem starken, souveränen Europa, das in der Welt wieder etwas zählt, Leben geben will, hat Deutschland nur ein Europa light im Sinne, das sich jederzeit in den Schoß Amerikas kuscheln kann, wenn es schwierig wird. Russland betrachtet alles aus der Ferne und fragt sich, ob Deutschland in dieser Dynamik überhaupt seiner historischen Rolle gewachsen ist, Frankreich dabei zu unterstützen, dass Europa nicht scheitert.

Alexei, der Deutschlandversteher

Die Zoom-Konferenzen gehören inzwischen zum kommunikativen Alltag, sowohl in Russland als auch in Deutschland. Diejenigen, die sich darauf gefreut hatten, in der Corona-Pandemie im Home-Office eine ruhige Kugel schieben zu können, wurden schnell eines Besseren belehrt. Der Arbeitsaufwand blieb derselbe, das Leistungsniveau durfte niemals sinken, außerdem war man am Bürotisch ständig erreichbar – die Mittags- und Kaffeepausen wurden limitiert. Im November kam der zweite Lockdown, draußen wurde es schneller dunkel und kalt. Schon am frühen Nachmittag brennt Licht in den Home-Offices.

Der Vorsitzende des Verbandes der Russischen Wirtschaft, Alexei, reist zwischen Deutschland und Moskau hin und her. Er unterhält in beiden Ländern ein Büro. Doch in Corona-Zeiten sind Reisen zwischen beiden Ländern genauso unmöglich geworden wie im Kalten Krieg, als noch der Eiserne Vorhang existierte. Die Grenzen können nur mit Sondergenehmigung überquert werden. Anstrengend sind die ständigen Corona-Tests an den Flughäfen, lästig die Drängelei in den Wartehallen. Hoffentlich legt sich dieser Dauerstress zu Weihnachten, sagt Alexei. Oder alles wird noch schlimmer! – Alexei weiß, welche Tasten er drücken muss, um sich schnell in die nächste Zoom-Konferenz einzuschalten. Präventiv zieht er sein Headset auf, denn die im Computer eingebauten Mikrofone verursachen zu viele Nebengeräusche. Er lächelt in die Kamera, als er die ersten Kästchen mit den bekannten Kollegengesichtern auf seinem Bildschirm entdeckt. Alexei ist ein wenig nervös, denn er muss gleich vor den Verbandsmitgliedern Rede und Antwort stehen. Die großen Konzerne in beiden Ländern, wie Gazprom, Rosneft, Sberbank, Daimler, BASF, Deutsche Bank kooperieren miteinander, als ob es die Krise gar nicht gebe. Aber die Zusammenarbeit der Mittelständler ist völlig blockiert. Viele von ihnen kämpfen ums nackte Überleben.

Alexei leitet den Lobbyverband für russische Firmen in Deutschland. Diese Interessenvertretung hat die Finanzkrise vor zehn Jahren überlebt, die Ukraine-Sanktionen und den Rubelsturz heil überstanden und wird auch unbeschadet aus der Corona-Krise herauskommen, ist sich Alexei sicher. Zunächst muss der Verbandschef die Frage einer deutschen Unternehmensleiterin nach der aktuellen Lage in Russland beantworten. Sie will wissen, ob Putin durch die Verfassungsänderung sein Land endgültig vom liberalen Westen abgekoppelt habe, um ein »anderes Europa« mit anderen Werten und Traditionen zu kreieren. Alexei weiß inzwischen, dass es aus Sicht des Westens wenig Sinn macht, ständig das hohe Lied der liberalen Werte zu singen und teils trotzig, teils voller Illusionen davon auszugehen, dass man Russland von außen verändern oder es sogar zu irgendetwas zwingen kann.

»Im Falle von China und Saudi-Arabien kräht doch auch kein Hahn nach den Menschenrechten«, denkt sich Alexei. Jemand wirft ein: »Warum überredet Deutschland Russland nicht, Bollwerk gegen den chinesischen Wirtschaftsimperialismus zu werden?« Und ein anderer schaltet sich kurz ein: »Russland ist gerade dabei, obligatorische Visen für EU-Bürger abzuschaffen und durch elektronische Einreiseformulare zu ersetzen. Warum kann die EU für Russen nicht dasselbe tun? Die Tatenlosigkeit Brüsseler Bürokraten in dieser entscheidenden Frage wird das Klima weiter vergiften.« Der Verweis auf die strengen Pandemie-Reisebeschränkungen verhallt in Zoom.

Alexei will endlich zur eigentlichen Agenda kommen, aber die Neugierde der Teilnehmer bezüglich aktueller Entwicklungen ist nicht zu stillen. »Je härter die Bundesrepublik gegen Russland auftritt, umso negativer wird die Stimmung gegen Deutschland in Russland«, weiß eine Petersburger Teilnehmerin zu berichten: »Deutschland hat sich in den vergangenen Jahrzehnten zum Vorbild für die Russen entwickelt. Früher mochten die Russen deutsche Charaktereigenschaften nicht. Doch jetzt, wo sich die wirtschaftlichen Systeme angeglichen haben und sich in Russland auch alles ums Geldverdienen dreht, wird vom fleißigen Deutschen neu gelernt.«

An dieser Stelle erinnert Alexei daran, dass nach dem Zusammenbruch der Sowjetunion sich die neue russische Politikkaste und junges Unternehmertum weniger auf das deutsche als auf das amerikanische Wirtschaftsmodell fokussierten. Das Modell des Raubtierkapitalismus entsprach mehr dem riesigen Nachholbedarf der Russen an Konsum, Wohlstand und Reichtum als das deutsche sozial-marktwirtschaftliche, »linke« Modell. Deutschland tat damals viel zu wenig, um Russland – außer mit dem Geldbeutel – praktisch unter die Arme zu greifen. Die rechtlichen Regeln für die russische Marktwirtschaft verfassten nicht die deutschen, sondern amerikanische Experten. Amerikanische, nicht deutsche Wirtschaftsfachleute tummelten sich in den neunziger Jahren als hochbezahlte Berater im Kreml.

Überließ Deutschland damals auf US-Druck Amerika die Führungsrolle bei der Reformierung Russlands? Oder zeigte Deutschland für seinen großen östlichen Nachbarn kein Interesse? Vermutlich wollte Moskau aus Prestigegründen selbst seine Probleme nur auf Augenhöhe mit der wichtigen Supermacht USA lösen, um seinen eigenen Stellenwert hochzuhalten.

Unter dem Zoom-Fenster des nächsten Redners steht der Name »Allrussisches Zentrum für Öffentliche Meinungsforschung«. Wie nehmen russische Wirtschaftsvertreter ihre deutschen Partner heute auf? Das Bild des deutschen Unternehmers hat, trotz Krisenzeiten, in der russischen Wahrnehmung in keiner Weise gelitten. Die Deutschen zählen als verlässlich, professionell, tüchtig, kommunikativ und vertragstreu. Die einstige Liebe zu den amerikanischen Wirtschaftsberatern ist verflogen – Amerikaner gelten in Russland ausnahmslos als ausländische Agenten. Die Deutschen haben einen höheren Stellenwert, gelten als ehrliche Vermittler im großen Business und genießen weiterhin Vertrauen. Deutsche Ratschläge an Russland wie die Einführung des dualen Bildungssystems gewinnen Hochachtung, denn sie sind ehrlich gemeint.

Russische Unternehmer sind sehr interessiert an Deutschland. Diejenigen, die es sich leisten können, expandieren auf den deutschen Markt. Dort schaffen sie für ihre Firmen Wertschöpfungsketten, kaufen das deutsche Know-how, erlernen die deutsche Managementkultur, erobern Absatzmärkte, vergolden ihr Firmenimage und nehmen wertvollste Erfahrung und Wissen mit nach Hause. Über den Verband von Alexei erhalten sie Zugang zu deutschen Behörden, Rechtsanwaltskanzleien, potenziellen Geschäftspartnern. Früher nannte man die ersten russischen Geschäftsleute, die nach Deutschland kamen, noch Mafiosi. Heute zeigt man sich ihnen gegenüber aufgeschlossener.

»Anfangs, in den neunziger Jahren, liefen auch in Russland offenkundige Gauner und andere zwielichtige Gestalten aus Deutschland durch die Gegend, auf der Suche nach schnellem Gewinn. Diejenigen deutschen Unternehmer, die heute in Russland leben, genießen unsere Sympathie durch ihre Zuneigung zur russischen Kunst und Kultur. Sie wollen uns Russen wirklich verstehen«, unterstreicht der Wirtschaftsforscher. Er kramt kurz in seinen Papieren und berichtet, dass sich in Russland trotz allem eine unaufhaltsame Enttäuschung gegenüber Deutschland ausbreitet. »Warum mögen die Deutschen heute die Franzosen, Amerikaner und Chinesen mehr als uns?«, beklagt er sich bitter. »Wir wissen, dass man mit Russophobie in Deutschland heute Geld verdient.«

In Russland habe es 30 Jahre lang kaum Kritik an Deutschland gegeben, erinnern die Russen die Deutschen. Die Russen glaubten ehrlich an Partnerschaft und Zusammenarbeit. Diese Situation könne man leicht wiederherstellen, wenn die deutschen Medien endlich damit aufhörten, gegen Russland zu hetzen.

In Zoom bemerken die Teilnehmer plötzlich akustische Störungen. Eine krächzende Stimme, wie aus Metall, drängt sich nach vorne. Hastig werden in den Menüleisten die Tasten gedrückt. Irgendwo bricht ständig die Verbindung ab. Nebengeräusche ertönen aus den Lautsprechern. Alexei ruft die Teilnehmer zornig auf, ihre Mikrofone nach ihren Statements abzustellen. Ein Teilnehmer schimpft – in der Annahme, man könne ihn nicht hören – über den Verlust wertvoller Zeit bei solchen Online-Veranstaltungen. Alexei zeigt sich schier entsetzt über dessen vulgäre Ausdrucksweise. Krampfhaft versucht der Techniker, alle Mikrofone auf stumm zu schalten – ohne Erfolg.

Endlich dringt die Stimme des Gazprom-Vertreters durch: »Russland sieht die deutsche Bundesregierung und die deutschen Partnerunternehmen in der Pflicht, die Nord-Stream-Pipeline zu retten. Amerikanische Sanktionsdrohungen verlangen nach einer gepfefferten Antwort. Europa darf Russland nach 50 Jahren Energiepartnerschaft nicht fallenlassen. Die EU benötigt in Zukunft russisches Erdgas, sie muss geschlossen zusammenhalten.«

Eine schwierige, aber ehrliche Frage. Die deutsche Wirtschaft und ihre zahlreichen Verbände hatten, was das Engagement in Russland anging, in den vergangenen Jahrzehnten die Bundesregierung beständig vor sich hergetrieben. Sogar in den ausweglosesten Situationen im Kalten Krieg reiste so mancher Kapitän der deutschen Wirtschaft mit eigenem Flieger nach Moskau, um Projekte zu fördern, die Politiker aufgrund ihrer ideologischen Scheuklappen nicht durchzusetzen vermochten. Die Männer im Kreml schätzen den Mut und den Durchsetzungswillen der Deutschen. Otto Wolff von Amerongen, Berthold Beitz, Friedrich Christians, Klaus Mangold – sie alle wurden jedes Mal groß empfangen und besaßen die direkten Telefonnummern der Mächtigen im Kreml.

Heute wartet man in Moskau vergeblich darauf, dass die deutsche Wirtschaft sich ihre ehemalige Führungsrolle bei der Gestaltung der Beziehungen zu Russland zurückholt. Zumindest aber erwartet Moskau, dass die deutsche Wirtschaft nun wie ein Löwe kämpft für all die Chancen, Gewinne und Privilegien, die sie in den letzten Jahrzehnten auf dem russischen Markt erhalten hat.

Erinnerungen an die Ukraine-Krise 2014 kommen hoch. Damals gerieten deutsche Konzerne, die besonders eng mit Russland verknüpft waren, unter niemals geahnten politischen Druck. Manager wurden von der Bundesregierung und Vertretern der US-Regierung aufgefordert, ihre Teilnahme an russischen Wirtschaftsforen abzusagen. Merkel sprach von der Priorität der Politik über der Wirtschaft. Die Medien taten das ihrige, um den CEOs deutscher Konzerne Angst vor Imageverlust einzujagen. In den Chefetagen deutscher DAX-Konzerne wurde kapituliert – dem öffentlichen Druck waren sie nicht gewachsen. In Moskau konnte man den Rückzug der deutschen Wirtschaft kaum nachvollziehen. Von Deutschland, der unangefochtenen Führungsmacht Europas, hatte man sich mehr Eigenständigkeit und Durchsetzungsfähigkeit gegenüber den Russland-kritischen Staaten Osteuropas versprochen.

Der deutsch-russische Handel brach ein. China überholte Deutschland als wichtigster russischer Handelspartner. Als Reaktion auf die EU-Sanktionen gegen Russland wegen der Unterstützung des Krieges in der Ostukraine führte Moskau schmerzvolle Gegensanktionen gegen europäische Lebensmittel und Technologien ein. Russland dachte, dass die russischen Sanktionen der EU so immensen Schaden zufügen würden, dass Brüssel die verhängten Strafmaßnahmen bald rückgängig machen könnte. Doch es kam nicht dazu. Im Gegenteil, Deutschland nahm eine harte Position gegenüber Moskau ein – sehr zum Leidwesen der Russen.

Nachdem die deutschen Firmen sahen, dass ein Ende des Sanktionsregimes nicht in Sicht war, orientierten sie sich auf die nähere Nachbarschaft, die osteuropäischen EU-Staaten, um. Schmerzvoll musste Russland mit ansehen, wie in deutschen Meinungsumfragen ein Land wie China, das sich weit entfernt vom europäischen Kulturkreis befindet, Russland an Attraktivität überholte.

Alexei ruft die Teilnehmer der Zoom-Konferenz zur Ordnung auf. Er hat eine lange Agenda abzuarbeiten. Er teilt die Besorgnisse der russischen Mittelständler, dass Deutschland für sie nicht mehr der ideale Investitionsstandort ist. Deutsche Banken drängen ihre russischen Kunden dazu, ihre Konten zu schließen, werfen sie vor die Tür. Sie fürchten Ermittlungen gegen russische Geldflüsse und Korruptionsskandale in ihren Häusern. Die russischen Klienten sind wehrlos, schimpfen. In Moskau empfindet man die Entwicklung als ungeheuerlich. Aber die deutschen Partner sagen es ihren russischen Kollegen direkt: Wir fürchten die Amerikaner. Die USA beherrschten das gesamte Finanzsystem der Welt, solange der US-Dollar die globale Leitwährung ist. Keine Firma, die Pläne hegt, auf dem amerikanischen Markt Geschäfte zu machen, wird sich den Amerikanern in den Weg stellen. Die Russen erfahren, dass der US-Markt für die meisten deutschen Unternehmen wichtiger und lukrativer ist als der russische.

Russland wird auf dem Altar amerikanischer Forderungen geopfert. Für Moskau eine bittere Erfahrung. Russland hat, wie China, ein langes Gedächtnis. Eines versteht der Russe nicht: Warum, um Gottes willen, unternimmt die deutsche Bundesregierung nicht ihr Möglichstes, um die Lage zu verbessern? Putin ist germanophil, hat lange Zeit in Deutschland gelebt. Merkel hat in Russland studiert und gelebt – warum spricht Putin demonstrativ Deutsch in der Öffentlichkeit, während Merkel sich fast schämt, öffentlich Russisch zu sprechen?

Alexei mag seinen Job. Ihm scheint, er habe durch ihn eine wichtige Brückenfunktion. Damals, in den neunziger Jahren, hat die Jelzin-Regierung den fatalen Fehler gemacht, ausschließlich auf die Amerikaner zu setzen. Besser wäre gewesen, sie hätten mit Deutschland eine strategische Mittelstandsförderung beschlossen. Viele Russen strebten nach dem Zerfall des Kommunismus voller Tatendrang in die Privatwirtschaft. Nicht jeder von ihnen konnte Millionär werden. Managementausbildung für kleinere Unternehmen, westliche Technologie, Kredite – das hätte Deutschland als Unterstützung für eine rasche Reformierung der Sowjetwirtschaft durchaus leisten können. Mit den Erfolgsaussichten dieser Förder- und Ausbildungsmaßnahmen wäre auch der politische Einfluss der Bundesrepublik in Russland massiv gestiegen.

Der Mittelstand ist das Gerüst, das Rückenmark der erfolgreichen deutschen Nachkriegswirtschaft. Russland, mit seiner gebildeten Mittelschicht und einer Masse von unternehmerisch begabten Bürgern, hätte mit deutscher Unterstützung längst eine moderne Wirtschaft aufbauen können.

Alexei weiß, dass er den Gazprom-Sprecher in der Leitung nicht länger warten lassen darf und übergibt ihm das Wort. »Deutschland muss Schreckliches durchmachen«, verkündet der Mann: »Den folgenden Vorfall hat es in den letzten 75 Jahren deutsch-amerikanischer Beziehungen noch nicht gegeben. Drei US-Senatoren schrieben einen langen Drohbrief an die Geschäftsleitung des kleinen ostdeutschen Fährhafen Sassnitz

GmbH. Von dort aus erfolgt die logistische Unterstützung für die am Bau der Nord Stream 2 beteiligten Pipeline-Verlegerschiffe. Ein Zitat aus dem Schreiben sticht besonders ins Auge: *Wenn Sie weiterhin Waren, Dienstleistungen und Unterstützung für das Nord Stream 2 Projekt bereitstellen, würden Sie das zukünftige Überleben Ihres Unternehmens zerstören.*«

Alexei explodiert: »Ein solch freches Schreiben kann nicht unbeantwortet bleiben.« Ein deutscher Rechtsanwalt wird in Zoom zu Rate gezogen. Er sagt, dass die USA – sowohl der Kongress als die Trump-Administration – seit zwei Jahren europäische Firmen, die sich am Projekt Nord Stream 2 beteiligen, mit exterritorialen Sanktionen bedrohen. Die USA mischen sich damit ungebeten in die Energieversorgungssicherheit ihrer europäischen Verbündeten ein. Mehr noch: Washington behandelt Europäer wie unmündige Vasallen. Die EU kann und will das nicht anstandslos hinnehmen. Aber sie besitzt nicht die Instrumentarien, um der Supermacht USA Paroli zu bieten. Russland drängt andererseits Deutschland zum Handeln.

Alexei hört eine Stimme im Zoom-Hintergrund fluchen: »Wenn europäische Firmen tatsächlich vor die Wahl gestellt werden, entweder am russischen Projekt festzuhalten, dann aber für immer den amerikanischen Markt zu verlieren, entscheiden sie sich notgedrungen für den viel gewinnträchtigeren US-Markt und gegen die Kooperation mit Russland. Die Bundesregierung und die EU können die eigenen Firmen gegen die wirtschaftliche und finanzielle Übermacht der USA auf globaler Ebene nicht schützen. Berlin und Brüssel können höchstens das amerikanische Flüssiggas vom EU-Markt verbannen, wie es der Vorsitzende des Wirtschaftsausschusses im Bundestag fordert.« Die Folge wäre jedoch ein Handelskrieg mit den USA, dem Europa aus dem Weg gehen will.

Eine digitale Hand flimmert über den Bildschirm. Ein Unternehmer aus Kaliningrad fragt neugierig: »Haben Deutschland und die EU erst im Zuge des Energiekonflikts mit den USA begriffen, wie fremdbestimmt sie von den Amerikanern immer noch sind? Um diesen demütigenden Zustand zu ändern, muss Deutschland seine Souveränität zurückerlangen. Mit einem starken, souveränen Deutschland wird sich auch die EU von den USA emanzipieren. Aber kann die EU das, ohne die Sicherheitspartnerschaft mit den USA im Rahmen der NATO infrage zu stellen?« Alexei kann sich nicht ernsthaft vorstellen, dass die EU die Schutzmacht USA gegen die russische umtauscht.

Angesichts der zunehmenden Konflikte im deutsch-russischen Verhältnis (Hacker-Attacken auf den Bundestag, Krim, Mordattentate auf russische Oppositionelle, Menschenrechtsverletzungen in Russland) scheint die Wiederaufnahme strategischer Partnerschaftsbeziehungen zwischen beiden Ländern vorerst in weite Ferne gerückt, wirft ein anderer Teilnehmer ein.

Der Sprecher holt zum Rundumschlag aus: »Ein weiteres Problem der EU ist, dass sie nicht mit einer Stimme spricht. Zwar haben 24 der 27 EU-Staaten das amerikanische Sanktionsvorhaben gegen europäische Firmen in einer gemeinsamen Note an das State Department kritisiert. Aber Fakt ist auch, dass, wenn es zum Schwur kommt, die ostmitteleuropäischen EU-Staaten sich allem Anschein nach für ein Amerika-kontrolliertes Europa entscheiden. Die Führung aus Washington ist ihnen wichtiger als die europäische Achse Berlin–Paris.«

Ein russischer Kollege fiebert mit. Er ergänzt: »Kein energetisches Infrastrukturprojekt hat jemals so viel Unmut erzeugt wie Nord-Stream 2. Seit 2011 existiert bereits die Ostseepipeline Nord Stream I, die jährlich 55 Milliarden Kubikmeter Erdgas aus Westsibirien nach Deutschland transportieren kann. Nord Stream II soll künftig die gleiche Menge für Kunden in der Europäischen Union bereitstellen. Bislang wurden 150 Milliarden Kubikmeter Erdgas durch die seit 50 Jahren bestehende Erdgaspipeline über die Ukraine nach Europa gepumpt.« Die ukrainische Pipeline wäre künftig obsolet, sagt der Experte.

Der Mann argumentiert so: die Ukraine ist ein unsicheres Transitland. Die Nord- Stream-Alternative hilft, das ukrainische Transitmonopol auszuhebeln. In den USA und der EU lautet das Argument genau andersherum. Die Ukraine solle als zentrales Transitland für russisches Erdgas nach Europa erhalten werden, denn ansonsten könnte Moskau Ostmitteleuropa eines Tages den Gashahn zudrehen. Die USA werfen Moskau vor, mit dem Transitstopp die Ukraine finanziell ruinieren zu wollen. Die Ukraine verdient am Transit des russischen Erdgases nach Europa 2 Milliarden Euro im Jahr. Es ist der größte Posten im Staatsbudget der Ukraine. Ohne diese Einnahmen müsste der Westen die Ukraine mit Krediten subventionieren.

Alexei unterbricht den Redner an dieser Stelle: »Hat Deutschland sich in diesem Konflikt nicht erfolgreich als Vermittler eingesetzt und erreicht, dass Russland sein Erdgas weiterhin durch die Ukraine nach Westen verkauft, aber dafür seinen Gasexport über die Ostsee diversifizieren darf?«

Der Gazprom-Mann ist um eine Antwort nicht verlegen: »Ein weiteres amerikanisches Argument gegen die

Pipeline ist, dass die EU zu sehr von Russland abhängig sei. Doch das stimmt nicht. Russlands Gaslieferungen machen nur knapp 40 Prozent der gesamten Gasimporte in die EU aus. Im gesamten Energiemix befindet sich Erdgas noch weit hinter Kohle und Erdöl. Außerdem haben die Europäer ihren Gasmarkt längst erfolgreich diversifiziert, ein unerwarteter Engpass aus Russland kann sofort durch andere Lieferanten wettgemacht werden.«

Auf der Zoom-Konferenz des Verbandes der Russischen Wirtschaft in Deutschland wird deutlich, was der wahre Grund für die amerikanische Ablehnung der Nord- Stream-Pipeline ist. Das Problem ist nicht die Ukraine. Die USA wollen ihr eigenes Flüssiggas LNG auf dem lukrativen europäischen Markt verkaufen. Marktführer auf dem europäischen Energiemarkt ist aber, seit 50 Jahren, Russland. Also gilt es, russisches Erdgas, das über Pipelines nach Europa transportiert wird, vom EU-Konsumentenmarkt abzuschneiden. Die Durchsichtigkeit der US-Strategie, auf diese Weise den Hauptkonkurrenten auszuschalten, ist frappierend. Die EU distanziert sich deshalb entschieden von solchen Cowboymethoden.

Alexei kennt die amerikanische Haltung. Die USA und viele mittelosteuropäische Länder sehen die Energiepartnerschaft Russland–Deutschland als eine falsche Strategie in Sachen wirtschaftspolitischer Verankerung Russlands in Europa – die sie ablehnen und bekämpfen. Sie wollen verhindern, dass Russland durch Erdgasexporte Gelder auf dem westlichen Markt akquiriert, die Moskau in seine Rüstungsindustrie investieren könnte. Zudem hat Deutschland in der Nachkriegszeit gute Erfahrungen mit der Sowjetunion im Gashandel gemacht.

Die erfolgreiche Ostpolitik der 1970er Jahre beruhte nicht zuletzt auf dem berühmten Gas-Pipeline-Geschäft. Seit dieser Zeit sind viele deutsche Firmen in Russland präsent. Sie wollen in Russland tätig bleiben und üben Druck auf die Bundesregierung aus, die Wirtschaftsbeziehungen zu Russland aufrechtzuerhalten.

Falls die EU dennoch wegen des amerikanischen Drucks auf russisches Erdgas verzichtet, wird sie sich von Amerika abhängig machen. Doch dann werden es die USA sein, die Energie als »Waffe« für eigene Interessen einsetzen werden. Die USA könnten versucht sein, die EU später in anderen Fragen zu erpressen, beispielsweise beim Technologiehandel mit China.

Ein russischer Regierungsvertreter, der an der Konferenz teilnimmt, bricht ebenfalls eine Lanze für das Nord Stream 2 Projekt: »Begonnen hat alles mit der Weigerung der Ukraine, einem internationalen Gaskonsortium mit Deutschland und Russland zuzustimmen. Ein internationales Konsortium hätte das ukrainische Pipelinesystem rasch modernisiert und privatisiert – und wäre zum Eigentümer und Betreiber der Pipelines für den wichtigen Transit russischen Gases nach Europa geworden. Die Politik wäre raus aus dem Geschäft. Doch dazu ist es nicht gekommen. Die Nord-Stream-Pipelines sind jetzt der Ersatz. Sie kosten den europäischen Steuerzahler keinen Cent. Die Infrastruktur wird ausnahmslos von privaten Unternehmen errichtet. Der Vorteil für Deutschland: es wird eine Hub-Funktion für russisches Gas in Europa übernehmen.«

Den Vorwurf an die Bundesrepublik, sie hätte sträflich versäumt, sich über die Nord-Stream-Pipeline mit den kritischen Osteuropäern zu verständigen, lässt auf der Zoom-Konferenz niemand gelten. Die ehemaligen

Warschauer-Pakt Staaten würden in Zukunft auf Gaslieferungen aus Russland verzichten. Sie verweigerten den Pipelinebetreibern die Röhrenverlegung durch ihren Meeresabschnitt. Das sei ihre konsequente Entscheidung – wieso müssten sie dann unbedingt an einem kommerziellen Geschäft, zu dem sie nichts beitragen, beteiligt werden?

Die russischen Teilnehmer der Konferenz sind beruhigt. Die Pipeline Nord Stream 2 wird fertiggebaut. In diesem Punkt herrscht in Zoom Einigkeit. Das ist für die Bundesrepublik zu einer Frage des Anstands geworden. Sie kann sich nicht von den USA erpressen lassen. Sie darf sich nicht von den USA sagen lassen, wie die Energieversorgungssicherheit in Europa aussehen soll. Natürlich ist die Bundesregierung Kompromisse eingegangen, um die USA zu besänftigen und die deutsche Führungsrolle in Europa nicht zu gefährden. So hat sie dem amerikanischen Flüssiggas die Türen geöffnet. US-Flüssiggas darf in den nächsten Jahren mit dem russischen Pipelinegas in Europa stark konkurrieren. Dennoch ist Deutschland nicht gewillt, Amerika in allem nachzugeben.

Alexei betont, dass ohne die Unterstützung des Projektes durch die deutsche Bundesregierung Nord Stream 2 niemals zustande gekommen wäre. Da sei Russland Deutschland als Partner dankbar. Jemand aus der Runde fragt, warum sich die Bundesregierung so stark für das umstrittene Projekt eingesetzt und einen ernsthaften Bruch mit den USA und anderen EU-Ländern riskiert habe.

Zunächst hat die deutsche Bundesregierung verstanden, wie wichtig die Erdgaswirtschaft für die Zukunft Europas ist. Deutschland ist ein Musterland bei der Energiewende, welche Atomenergie sowie fossile Brennstoffe wie Öl und Kohle durch alternative Energiequellen in kürzester Zeit ersetzen soll. Allein auf erneuerbare Energie zu setzen, funktioniert nicht. Umso wichtiger ist es, Erdgas als Brückenbrennstoff auf dem Weg in eine neue Ära zu nutzen. Hinzu kommt die Tatsache, dass die Erdgasressourcen in Europa zur Neige gehen. Europa wird in 5–10 Jahren weitgehend auf eigene Erdgasförderung verzichten müssen – und mehr Erdgas aus Nicht-EU-Ländern importieren. Infrage kommen dabei als Lieferanten nur Russland, Norwegen, die arabischen Länder und die Vereinigten Staaten.

Hier meldet sich der Unternehmer aus Sankt Petersburg: »Bei allem Respekt für Klimaschutz und umweltschonende Wirtschaftskonzepte – noch ist das Zeitalter fossiler Energiestoffe nicht vorbei. Die EU wird eine grüne Ökonomie bis 2050 schaffen. Der Rest der Welt kämpft mit anderen wirtschaftlichen und sozialen Herausforderungen als die Europäer und wird auf die traditionellen Energieträger lange nicht verzichten.« Alexei kennt diese Argumentation aus Russland und teilt sie. Russland setzt alles daran, um von der Wachstumsregion Asien zu profitieren. Nord Stream 2 ist das letzte große russische Infrastrukturprojekt in Europa. Russland wird sich dem eurasischen Wirtschaftsraum zuwenden, in dem der Energiehunger Chinas eine bedeutende Rolle spielt.

Russland blickt nach Europa und stellt fest, dass Europa als wirtschaftlicher Riese auftritt, aber politisch ein Zwerg bleibt. Der Streit mit den Amerikanern um Nord Stream 2 könnte aber eine notwendige historische Zäsur in den Beziehungen USA-Europa einleiten. Die USA schauen geopolitisch mehr nach Asien als nach Europa.

Und Europa kommt aus seiner Verantwortung nicht heraus, sich als eigenständiger Akteur in der neuen polyzentrischen Weltordnung zu definieren.

Der Gazprom-Lobbyist ist sich sicher: »Während für die USA in der Supermacht-Rivalität mit China die eigentliche Herausforderung seiner nationalen Sicherheit liegt, befinden sich für die EU die Hauptgefahren im Nahen und Mittleren Osten sowie in Afrika. Durch extremen Klimawandel und Kriege wird es vom Süden her in den nächsten Jahren zur Gefahr einer Massenmigration kommen. Für die Prävention dieser Herausforderung wird Russland für die EU ein wichtigerer Partner als die USA sein. Und wieder, wie in der Vergangenheit, muss es die Wirtschaft richten, die Streithähne über Kooperation zum gegenseitigen Nutzen an den Verhandlungstisch zu setzen.«

Zum Schluss will der russische Handelsattaché unbedingt eine wichtige Aussage treffen: »Wir müssen uns über den geopolitischen Aspekt des Streits im Klaren sein. Nach dem Ende des Zweiten Weltkriegs haben die Erzfeinde Deutschland und Frankreich miteinander die Montanunion – auch Eisen- und Stahlunion genannt – zwecks gegenseitiger Industriepartnerschaft gegründet. Die Montanunion bildete den Nukleus für die spätere Europäische Wirtschaftsgemeinschaft, aus der wiederum die Europäische Union hervorging. Nach dem Ende des Kalten Krieges stärkte Deutschland mit Russland die Energieallianz, die Erdgaspartnerschaft, auch aus politischen Gründen – um Russland über diese Wirtschaftsschiene näher an Europa zu führen.«

Die Stimme des Handelsvertreters beginnt zu beben, er ist von der Dramaturgie der Geschehnisse ergriffen. »Vor zehn Jahren waren russische Staatskonzerne bereit, sich in die deutsche Industrie einzukaufen. Die VTB-Bank sollte die Pleite gehende Automobilfirma Opel übernehmen, Russland plante dazu den finanziellen Einstieg in das europäische Airbus-Unternehmen. Russland hatte damals einen Rekordstand an Geldreserven – aus den prallgefüllten Petrodollar-Töpfen. Man war ernsthaft bereit, größere Investitionen in Deutschland zu tätigen. Das hätte zur Vertiefung der deutsch-russischen Wirtschaftskooperation geführt. Und Russlands Konzerne in den Industriestandort Deutschland integriert. Leider machte die Bundesregierung dem einen Strich durch die Rechnung – auf Druck der USA, die dem offiziellen Berlin praktisch verboten, russische strategische Investitionen nach Europa zu erlauben.«

Was jetzt passiert, ist die mutwillige Zerstörung der länderverbindenden Energiepartnerschaft durch dieselben USA. Amerika will Russland aus Europa draußen halten, um den eigenen Einfluss abzusichern. Alexei widerspricht hier nicht. Trauer mischt sich in seine Stimme.

Unter den Teilnehmern der Konferenz des Verbandes der Russischen Wirtschaft in Deutschland breitet sich eine gewisse Sprachlosigkeit aus. Auf welcher Grundlage können die Wirtschaftsbeziehungen zwischen Deutschland und Russland denn überhaupt noch intensiviert werden? Die Deutschen haben die Modernisierungs-Partnerschaft mit Russland aufgekündigt, das Partnerschafts- und Kooperationsabkommen der EU mit Russland ist seit Jahren auf Eis gelegt. Der Ost-Ausschuss und andere Lobbyverbände für Wirtschaftsbeziehungen mit Russland sagen, sie können sich nicht nur auf Russland konzentrieren, denn der Blick der deutschen Unternehmen richtet sich vermehrt auf andere Staaten Osteuropas, inklusive der Ukraine.

Ein Wissenschaftler hat eine zündende Idee, begeistert trägt er sie in Zoom vor: »Ökologische Kooperation ist der Schlüssel zum Erfolg. Deutschland und die EU streben nach einer grünen Wirtschaft, Russland im Prinzip auch, wenn man Putins Worten Glauben schenkt. Der Wasserstoff ist dieser ersehnte Schlüssel für die künftige Zusammenarbeit, er verändert die Energiekooperation. Diese Ware wird Deutschland benötigen, um die hochgesteckten klimatischen Ziele zu erreichen. Im Grunde kann der grüne Wasserstoff aus den Süßwasserreservoirs Russlands über die Ostseepipelines nach Deutschland gepumpt werden.«

Alexei winkt zunächst ab. Als Naturwissenschaftler kann er sich nicht vorstellen, wie die Wasserstoffkooperation in der Praxis ablaufen kann. Er kennt aber die politischen Auflagen in Deutschland. Das Land will den Klimawandel ernsthaft erreichen und die Umwelt schützen. Die Deutschen betrachten dies als Hauptaufgabe der Menschheit und verknüpfen dies mit ihrer Werteorientierten Politik. Vor 100 Jahren galt der Kampf für soziale Gerechtigkeit als Hauptintention des Fortschritts.

Er überlegt kurz, welche Vorteile Russland von einem grünen Deal mit Deutschland hätte. Was nicht passieren darf, ist, dass Russland hier wieder zum reinen Rohstofflieferanten für Deutschland wird. Dieses Bild hat Russland jahrhundertelang abgegeben, damit muss Schluss sein. Natürlich will Deutschland über die grüne Revolution zuhause den künftigen Weltmarkt regenerativer Energietechnologien für sich gewinnen, andere Märkte von deutscher Spitzenware abhängig machen. So funktioniert die Marktwirtschaft.

Die Kollegen in Zoom meinen, Russland solle von Beginn an eine ökologische Technologiepartnerschaft mit Deutschland auf Augenhöhe suchen. Diese modernste grüne Zukunftstechnologie sollte in beiden Ländern gemeinsam entwickelt, produziert und vermarktet werden. Ansonsten wird Russland den Rückstand zum modernen Industriestandort Deutschland niemals aufholen.

Aber wäre Deutschland für eine solche Kooperation überhaupt bereit? Oder ist das traditionelle Modell der bilateralen Zusammenarbeit aus deutscher Sicht von vornherein auf das Abhängigkeitsverhältnis Russlands von Deutschland ausgerichtet?

Ein Spezialist aus dem deutsch-russischen Rohstoff-forum klingt bitterböse: »Deutschland ist drauf und dran, die fossile Energiepartnerschaft mit Russland aufzukündigen, um zu einer grünen Partnerschaft überzugehen. Der Übergang wird von Berlin ultimativ gefordert.« Russland ist besorgt über den religiösen Eifer, mit dem Deutsche wieder einmal predigen – jetzt über Umwelt und Klimaschutz. Für die Russen klingt das nach Utopismus. Jawohl, die Welt muss grüner werden, keine Frage. Aber bitte nicht auf der Grundlage eines neuen Öko-Fundamentalismus und deutschen Diktats.

Alexei drückt auf die Sprechtaste; sein aufgeregtes Gesicht erscheint in Übergröße auf den übrigen Bildschirmen. Als Vorsitzender ringt er nach zielführenden Worten. »Deutschland darf seine jahrhundertelangen Wirtschaftsbeziehungen mit Russland niemals aufs Spiel setzen. Wenn Europa die Schatzkammer Sibirien für sich verliert und diese nach Asien abdriftet, ist es um den Nachschub an Rohstoffen für den Westen geschehen. Aber auch die modernen Industriestätten in den entfernten Regionen Russlands, die Bildungseinrichtungen und die unter Putin erneuerte Infrastruktur – davon muss doch die deutsch-russische Beziehung profitieren, nicht die russisch-chinesische.« Er hat diese Sätze mehrmals schon an seine deutschen Kollegen gerichtet. Doch was folgte, war Schulterzucken und genügsame Phrasen wie »uns ist es egal« oder »wir sind nicht interessiert«. Wie schlimm muss der Kalte Krieg in den Köpfen der Europäer gewütet haben, dass die alten Stereotype vom Feind Russland so präsent bleiben?

Zweifellos hat der russische Markt an Attraktivität für Deutschland verloren, obwohl die 4000 Firmen, die vor der Krisenzeit in Russland ihre Zelte aufgeschlagen haben, weiterhin dort bleiben wollen. Der Rückgang der Unternehmergewinne und der Verbrauchernachfrage ist temporär, sagen sie. Auch Alexei weiß, dass der russische Markt nicht mehr eine so hohe Rendite abwirft und die Kaufkraft deutlich gesunken ist. Aber – und das betont Alexei beherzt bei der Zoom-Veranstaltung – Russland hat beträchtliche finanzielle Ressourcen angehäuft, um sicherzustellen, dass seine Wirtschaft nicht von der Krise betroffen wird. Diese Vorsichtsmaßnahme führt dazu, dass der Rückgang der Energiepreise auf dem Weltmarkt und die daraus folgende deutliche Abschwächung des Rubel abgefedert werden.

Deutschland sollte nicht zögern, die Wirtschaftsbeziehungen mit Russland wiederherzustellen und Sanktionen so schnell wie möglich abzubauen. Wenn das gegenseitige Sanktionsregime zu lange dauert, wird es sehr schwierig sein, auf den Markt zurückzukommen. Wenn Russland seine Wirtschaft noch stärker auf den asiatischen Raum umstellt, weil von dort keine Sanktionen drohen, sich immer weiter der neuen asiatischen Wirtschaftszone unter Chinas Führung annähert, sich vielleicht dort integriert, ist es für Europa verloren.

Mit diesen markigen Worten beendet Alexei die Zoom-Konferenz. Zurück bleiben ratlose Teilnehmer. Deutschland und Russland leben in schwierigen Zeiten. Sie werden nicht leichter. In den zwanziger Jahren des 21. Jahrhunderts wird es in der Weltpolitik zu einer wachsenden Rivalität zwischen der niedergehenden Supermacht USA und der aufsteigenden Weltmacht China kommen. Vermutlich zu Beginn der dreißiger Jahre wird China die USA an Wirtschaftskraft überholen und seinen politischen Einfluss – manche sprechen schon von Hegemonieanspruch – in der Weltpolitik festigen. Auch wenn diese Entwicklung für den Westen bisher unvorstellbar scheint – Europa wird in zehn Jahren mit einer schwächeren Schutzmacht USA leben müssen. Alexei weiß, dass dies einzugestehen für Deutsche äußerst schwierig und schmerzvoll sein wird.

Als Kenner der Wirtschaft befürchtet Alexei, dass sich Deutschland und Russland zwischen den beiden rivalisierenden Blöcken USA und China verfangen könnten. Europa wird gezwungen sein, sich von China zu distanzieren und die Industrialisierung 4.0 – gemeint ist die Digitalisierung der Wirtschaft – mit US-Technologiekonzernen anzugehen. Statt sich mit Russland zu einem gemeinsamen digitalen Raum der modernen Hochtechnologie von Lissabon bis Wladiwostok zu vereinen – und damit zum dritten Big Player auf globaler Ebene aufzusteigen –, wird sich die EU unter der derzeitigen transatlantisch geprägten Führung durch die Bundesrepublik noch eindeutiger auf die Seite der USA schlagen. Neben China würde dann auch die EU auf eine strategische Partnerschaft mit Russland verzichten. Wohlgemerkt: nicht aus rationalen wirtschaftlichen Gründen, sondern ausschließlich aus ideologischen.

Alexei weiß, dass Deutschland die Schicksalsgemeinschaft mit den USA nicht verlassen kann. Denn hier geht es um Identitätsfragen. Dennoch will der russische Verbandschef nichts unversucht lassen, die Deutschen davon zu überzeugen, dass sie noch in einer zweiten Schicksalsgemeinschaft leben – mit Russland. Wie sagte einmal der Ostpolitiker Egon Bahr? Geographie ist Schicksal. Amerika mag für die Deutschen unverzichtbar sein. Aber Russland ist für Deutschland unverrückbar.

Peter,
der interkulturelle Kämpfer

Das 21. Jahrhundert begann zunächst friedlich und vielversprechend. Aber seitdem jagt eine gefährliche Krise die andere. Die Welt wird instabil, sie steht vor dem Umbruch. Dieser verspricht nicht so friedlich zu werden wie die historische Wende 1989–1991.

Die Terrorangriffe gegen die USA am 11. September 2001 läuteten den Krieg des Westens gegen den islamischen Terrorismus ein. Die USA intervenierten militärisch im Mittleren Osten und holten sich in Afghanistan und im Irak eine blutige Nase. Westliche Versuche, eine Demokratisierung der islamischen Welt im »arabischen Frühling« zu erwirken, scheiterten kläglich. Stattdessen wurde der Islamismus zur Geißel Europas.

Sieben Jahre nach den Terroranschlägen auf das World Trade Center und das Pentagon platzte auf dem amerikanischen Finanzmarkt die Immobilienblase (2008). Das globale Finanzsystem geriet in den Strudel weltweiter Geldvernichtung. Mit ihren vorhandenen Geldreserven gelang es den westlichen Staaten, ihre Volkswirtschaften wieder zu stabilisieren. Wirtschaftlich ging es für den Westen seitdem bergab.

Sieben Jahre nach der internationalen Finanzkrise wiederum erschütterte die Flüchtlingskrise Europa (2015). Millionen von Migranten strömten ungehindert in die Mitte Europas. Es kam zum Aufstieg nationalistischer Kräfte und antiliberaler Autokraten. Die Zersplitterung Europas folgte auf dem Fuß. Großbritannien scherte aus der EU aus. Ost- und Westeuropa spalteten sich in ein liberales und ein nationalistisches Lager.

Im Jahre 2020 wurde die Weltbevölkerung von einer Pandemie befallen. Alle Staaten der Welt waren von Covid-19 betroffen und erlitten teils dramatische ökonomische Verluste. Die Bilder vom Massensterben in überfüllten Kliniken gingen um die Welt. Die Corona-Krise kam aus heiterem Himmel für alle genauso überraschend wie die vorangegangenen Kataklysmen. Wieder wurde Geld massenweise vernichtet, die Staaten öffneten ihre allerletzten Reserven, um die Volkswirtschaften einigermaßen zu stabilisieren. Nord- und Südeuropa spalteten sich in einen reichen und einen hilfsbedürftigen Teil. Es folgten in vielen Ländern soziale Unruhen. Corona hinterlässt größere Spuren in der globalen Welt als die Krisen zuvor.

—

Noch ahnt niemand, was der Welt in wenigen Wochen bevorsteht. Die Corona-Krise beginnt sich langsam über China auf die gesamte Menschheit zu verbreiten. Doch die Gäste auf der Terrasse eines Luxushotels auf der griechischen Ferieninsel Rhodos haben davon noch nichts gehört. Europa ist optimistisch, dass die zwanziger Jahre ihm großen Erfolg bringen. Hätte jemand an diesem Abend einen bevorstehenden Lockdown der gesamten Weltwirtschaft angekündigt oder gesagt, dass Live-Konferenzen für mehrere Monate ausgesetzt und durch Online-Veranstaltungen ersetzt werden würden – er wäre für verrückt erklärt worden, wie seinerzeit jene Propheten, die zuvor andere Krisen vorherzusagen wagten.

Diese Nacht verspricht auf Rhodos noch recht warm zu werden. Auch die Russen genießen den freien Abend auf der Konferenz. Zwei gecharterte Passagiermaschinen haben 200 russische Gäste ans Mittelmeer geflogen. Sie sind eingeladen, am internationalen Dialog der Zivilisationen teilzunehmen. Die herkömmlichen Experten und Politologen fehlen in Rhodos. Hier dreht sich alles um Zukunftsfragen, nicht um aktuelle Politik. Wie können Nationen in Krisenzeiten miteinander kommunizieren und gemeinsame Konfliktlösungen finden? Statt einen Kampf der Kulturen, über den die Medien schreiben, fördert Rhodos den Dialog der Zivilisationen.

Fleißige Protokollanten schreiben alles mit, verpassen keinen der Auftritte der vielen renommierten Wissenschaftler aus aller Herren Länder. Ein Bericht wird auch für die russische Regierung angefertigt. Volodja sitzt draußen auf der matt erleuchteten Terrasse und nippt an seinem griechischen Kaffee. Auf seinen Schultern lasten die gesamte Logistik und Organisationsarbeit der Mammutveranstaltung. Er sieht, wie die letzten Motorjachten mit kleinen schaukelnden Laternen auf ihren Masten langsam den Weg zurück in den nächtlichen Hafen suchen. Weit im Meer blinkt eine Lichterkette von einer benachbarten Touristenstadt. In Russland und auch in Deutschland ist es zu dieser Jahreszeit sehr kalt und die Menschen plagt der sorgenvolle Alltag. Auf Rhodos ist es angenehmer.

Volodja ist froh, die Eröffnungsfeier gut durchgeführt zu haben. Die kleinen Intrigen und Unpässlichkeiten am Rande sind fast unbemerkt geblieben. Die Augen der Gäste leuchteten, als sie in Gruppen, begleitet von

Fackelträgern in mittelalterlicher Uniform, zur Burg der ehemaligen Ordensritter auf den Berg über der Stadt geführt wurden. Beim Champagnerumtrunk im Burghof gab es die ersten Gespräche, Volodja kam aus dem Händeschütteln gar nicht heraus.

Jetzt, an der Strandbar, gesellen sich Peter, ein alter deutscher Sozi, sowie Piotr aus Kanada, die unermüdlich ihre Networking-Runde entlang der in Smalltalk vertieften Konferenzteilnehmer machen, zum Cheforganisator und klopfen ihm anerkennend auf die Schulter. Sie prosten ihm mit ihren Biergläsern zu. Volodja ist müde, aber aus Respekt vor seinen Gästen muss er bis spät in die Nacht »Wache halten«. Der Deutsche Peter hat eine plötzliche Eingebung: Warum lassen die Veranstalter nicht morgen zwei Spitzenpolitiker auf einem Panel gegeneinander antreten? Die Zuhörer würden bestimmt aus dem Beifallklatschen nicht mehr herauskommen, wenn sie einem illustren Streitgespräch zwischen möglichem Putin-Nachfolger und potentiellem Merkel-Nachfolger beiwohnen könnten.

»Der Dialog der Zivilisationen ist dafür geschaffen worden, den Führungseliten die Chance zu geben, ihre Konflikte zu beheben«, erinnert Piotr aus Kanada sein russisches Gegenüber. Die Beziehungen zwischen Berlin und Moskau könnten sich schlagartig verbessern, wenn die obersten Staatsführer wieder herzlich und vertrauensvoll miteinander umgehen. Die positive Atmosphäre würde sich sofort auf Beamte, Funktionäre, Journalisten und die Gesellschaft übertragen.

Volodja kennt Piotr als den russlandfreundlichsten Polen, den er jemals getroffen hat. Er hält den Vorschlag zunächst für einen Witz und fragt, ob man nicht lieber zwei Streithähne aus den USA und China gegeneinander kämpfen lässt. Das würde vermutlich noch größere Begeisterung hervorrufen bei denen, die »Brot und Spiele« fordern. »Es würde sicherlich mehr Blut spritzen«.

»In Wirklichkeit sind es Deutschland und Russland, die im hohen Maße über die künftige Weltordnung entscheiden – nicht die USA und China«, verkündet der Deutsche in einem Brustton der Überzeugung: »Vom Willen der Deutschen hängt es ab, ob Europa es wagt, sich von den USA zu emanzipieren. Und vom Willen der Russen hängt gleichermaßen ab, ob es eine Achse Moskau-Beijing gegen den Westen einer multipolaren Zukunft geben wird«, mutmaßt der kanadische Pole.

Es stimmt, dass Russland das einzige ständige Mitgliedsland im UN-Sicherheitsrat ist, das nichts gegen einen Platz Deutschlands in diesem wichtigen Gremium einzuwenden hätte. »Das wäre ein gangbarer Weg, um den stotternden Multilateralismus mit deutsch-russischer Hilfe wieder effektiv zum Laufen zu bringen«, bekundet Peter. »Nur müsste dann Deutschland seinerseits dafür sorgen, dass Russland dieselbe Gestaltungsrolle in Europa bekommen würde wie Frankreich oder England«, gibt Piotr zu bedenken.

Peter und Piotr sind, wenn es sein muss, unerbittlich. Beide wollen morgen eine führende Rolle spielen – und am liebsten das Panel moderieren. Volodja bittet sich Bedenkzeit aus. Er ist kein romantischer Träumer. Auch er ist unerbittlich. Er trinkt sein Bier aus und sagt augenzwinkernd: »Die Masche jedes Politologen: Nimm so viel wie du kannst, gib so wenig wie möglich.« Volodjas Kollegen verkraften den beißenden Spott, ebenfalls augenzwinkernd. Auf Rhodos geht es um Höheres. Die deutsch-russische Entfremdung muss unbedingt überwunden werden.

Volodja benötigt jetzt dringend Schlaf. Er verabschiedet sich herzlich von Peter und Piotr. Die Herren umarmen sich und wünschen einander eine geruhsame Nacht. Für Peter und Piotr beginnt das eigentliche Networking erst noch. Sie haben die begehrten VIPs an der Theke, die sie unbedingt kontaktieren müssen, längst im Blick. Volodja wundert sich über ihren Eifer. Wieviel Energie versprühen diese feinen Menschen! Sie reisen von einer Konferenz zur anderen, sind Dauergäste in den Talkshows auf allen Fernsehkanälen und finden darüber hinaus noch Zeit, Bücher zu publizieren. Niemand besitzt ein solch ausgefeiltes Netzwerk. Dabei sind Peter und Piotr gar nicht einmal eitel, verärgern ihre Mitmenschen nicht mit ständiger Selbstprofilierung und krankhaftem Drang nach Aufmerksamkeit. Es sind gute, anständige Freunde.

Volodja, versunken in seinen Gedanken, schlendert, an schwarzen Zypressen vorbei, bedächtig den Parkweg entlang, in Richtung seines Apartments, wo ihn seine Ehefrau sehnsüchtig erwartet. Der Sternenhimmel leuchtet über der Hotelanlage, der Halbmond scheint zwischen den Wolken hervor. Da – plötzlich zuckt er zusammen, denn er bemerkt in der Dunkelheit eine Silhouette, die ihn verfolgt. Blitzschnell zieht er seine Taschenlampe aus der Jackentasche und leuchtet dem Fremdling genau ins Gesicht. Eine tiefe Stimme ertönt: »Auf Rhodos stößt die europäische Melodie, klingend, scharf gegliedert, mit dem monotonen asiatischen Rhythmus zusammen. Der Kulturkampf zwischen den Kontinenten gestaltete auch Russland – und noch weiß niemand, wem der Sieg gehören wird. Wie bei der Musik der Donkosaken der summende Chor den kontrapunktischen Hintergrund bildet, vor dem die Melodie auf- und abschwingt, so haben die Russen von jeher den asiatischen Rhythmus im Blut gehabt, wesensvoll, aber gestaltungsarm. Europa gibt die Melodie vor, die Strömung, die Bewegung und Gestaltung.« Volodja weicht vor der furchteinflößenden Gestalt zurück. Die Stimme fährt unbeirrt fort, wie in Trance: »Die brandende Woge asiatischen welterobernden tatarischen Barbarentums hat Russland jahrhundertlang an Asien gekettet. Und jetzt droht Russland dieselbe Welle aus China.«

Volodja bemerkt den schwarzen Kombiwagen nicht, der zur nächtlichen Stunde vor das Hotel fährt. Die Scheinwerfer erlöschen und zwei Männer begeben sich in den hinteren Teil des Autos. Sie setzen ihre Kopfhörer auf and peilen einen Sender in Richtung der oberen Stockwerke des Hotels. Nach wenigen Sekunden hören sie die Stimmen im anvisierten Hotelzimmer in einer der oberen Etagen. Die Männer in schwarzen Kapuzen wechseln einige Worte auf Englisch miteinander. Niemand kann sie bei ihrer Tätigkeit beobachten. Hastig wird telefoniert.

Volodja kontaktiert, obwohl es spät ist, seine Gehilfen. Sie müssen die möglichen Nachfolger von Putin und Merkel in ihren Suiten oben unter dem Hoteldach über die morgige Panelsitzung informieren. Er schlägt vor, der Dialog der Zivilisationen solle ein Konzept für einen gemeinsamen europäischen Raum debattieren, in dem liberale und nationale Wertevorstellungen nicht konkurrieren, sondern sich ergänzen: Bundeskanzlerin Merkel müsse nichts gegen eine friedliche Koexistenz haben und Macron könne eine Kohabitation mit Russland anstreben. Deutsche und Russen sollten in einem gemeinsamen Haus leben, aber sich nachts zurückziehen, die Türen und Fenster verschließen und jeweils das eigene Fernsehprogramm einschalten. Volodja reibt sich vor dem Schlafengehen genüsslich die Hände.

—

Moderator: Ich begrüße alle Anwesenden zum Dialog der Zivilisationen. Auf dem Panel sitzt ein möglicher russischer Kandidat für die Nachfolge Putins, wenn sie irgendwann einmal anstehen wird. Ihm gegenüber sitzt ein möglicher deutscher Kanzlerkandidat für die Nachfolge Merkels 2021. Ich werde Fragen stellen, die Antworten sollen sich nicht nach der üblichen Political Correctness ausrichten. Die erste Frage lautet: Ist in der Zukunft ein Bündnis Russland–Deutschland möglich und gewollt?

Der Russe: Russland ist das größte Land der Erde und braucht mit niemandem ein Bündnis einzugehen. Russland will souverän und autonom sein. Russland will nicht Erfahrungen der Sowjetunion wiederholen, als Moskau für seine Verbündeten ständig bezahlen musste. Als Dank für den jahrelangen, in manchen Fällen jahrhundertelangen Schutz und für die kräftigen Wirtschaftshilfen, sind diese Verbündeten Russland bei nächstbester Gelegenheit abtrünnig geworden. Mit Deutschland allerdings möchte Russland eine strategische Partnerschaft auf Augenhöhe pflegen, gemeinsam und gleichberechtigt eine europäische Sicherheitsarchitektur aufbauen – und wir möchten Deutschland als ständigen Begleiter für die Modernisierung unserer Wirtschaft haben. Auch kulturell verstehen sich Russen und Deutsche besser als Deutsche und Amerikaner.

Wir möchten für die Deutschen im Osten so etwas sein wie Frankreich für Deutschland im Westen. Europa ist auch unsere historische Heimat. Seit Peter dem Großen ist Russland eine Gestaltungsmacht in Europa. Russland ist dagegen, dass der Westen Europa nur auf den beiden Säulen NATO und EU gründet. Die Eurasische Wirtschaftsunion ist auch ein Teil Europas, auch kulturell.

Der Deutsche: Deutschland hat Russland im Krieg viel Leid angetan, hat Millionen von Sowjetbürgerinnen und Sowjetbürgern auf dem Gewissen. Deutschland hat schwerste Verbrechen in Russland begangen. Wir stehen hier für immer bei Russland in der Schuld. Doch seit 75 Jahren befindet sich Deutschland in einer Schicksalsgemeinschaft mit den USA. Sie ist mehr als ein Bündnis. Amerika hat Deutschland eine neue demokratische Identität gegeben, die Deutschland nicht in der Lage war, eigenhändig zu erlangen. Wir sind den Amerikanern zum ewigen Dank verpflichtet, denn ohne die USA gäbe es heute dieses Deutschland nicht. Ein weiterer Schwerpunkt seiner historischen Identität liegt in der Integration Deutschlands in der Europäischen Union.

Deutschland hat Russland nach dem Ende des Kommunismus Wege nach Westen geebnet, Russland hat sich nicht mit EU und NATO assoziiert, hat in Eurasien ein Gegenmodell zur EU entwickelt. Dass Deutschland irgendwann einmal die amerikanische Schutzmacht gegen eine russische umtauscht, kann ich mir beim besten Willen nicht vorstellen. Vorstellbar und wünschenswert wäre eine Kooperation mit Russland in Brennpunkten im Nahen und Mittleren Osten.

Moderator: Okay, ein Bündnis schließen beide Parteien aus. Dann frage ich so: Brauchen sich Deutschland und Russland überhaupt noch? Oder können/sollten die Beziehungen noch weiter abbrechen? Sollte es eine strategische Pause in den bilateralen Beziehungen geben, bis man wieder zur Besinnung kommt?

Der Deutsche: Russland, seine Ideen, Probleme, Befindlichkeiten interessieren in Deutschland niemanden mehr. Die Geschichte des 20. Jahrhunderts ist längst in Stein gemeißelt und Russland muss verstehen, dass es durch die Schrecken der Oktoberrevolution, bolschewistische Massenmörder, GULAGs, Zwangskollektivierung, Kirchenverfolgung, stalinistische Säuberungen, Stalins dämonischen Pakt mit Hitler, kommunistische Diktatur in Osteuropa, Bedrohung der freien Welt im Kalten Krieg und den Afghanistankrieg, zum Paria geworden ist. Nach dem Zerfall des Kommunismus nutzte Russland die Chance nicht, in die aufklärerische Zivilisation Europas zurückzukehren. Es entschied, ein Überbleibsel der einst mächtigen Sowjetunion zu sein. Bitteschön, das ist Russlands souveräne Entscheidung, aber Respekt nötigt sie keinem in Deutschland ab.

Russland wird auch niemals mehr Weltmacht sein, dafür ist sein Wirtschafts- und Staatssystem zu fragil. In der Internationalen Gemeinschaft wartet niemand auf eine Rückkehr Russlands, der Westen sollte die neue Weltordnung besser allein richten. Russland muss den Weg zur Demokratie zurückfinden. Wenn Russland von sich aus wieder ein freies, pluralistisches und egalitäres Europa wünscht, kommen wir sofort auf die Frage nach einem gemeinsamen Haus von Lissabon bis Wladiwostok zurück.

Der Russe: Die Verbesserung der Beziehungen zu Deutschland bleiben in Russland oben auf der Prioritätsskala. Niemand kann Russland das Denken in Machtkategorien verbieten und Moskau sieht Deutschland noch lange Zeit als Anführer EU-Europas. Die USA werden

Europa auch weiter ihre machtpolitischen Interessen aufzwingen, so dass ein solch stolzes Land wie Deutschland, das ein selbständiges und freies Europa wünscht, sich früher oder später in der Not an Russland wenden wird. Die USA werden alles tun, um ein Kontinentaleuropa, wo die Angelsachsen an Einfluss verlieren, zu torpedieren. Der deutsche Traum von den Vereinigten Staaten von Europa ist ausgeträumt, Deutschland von der Realität eingeholt. Den Herausforderungen, vor denen Deutschland und die EU stehen, kann mit den Instrumenten der liberalen Moderne nicht begegnet werden.

Eine Kolonisierung Russlands mit westlichen liberalen Ideen, mit der in den neunziger Jahren auch eine Entwaffnung Russlands einherging, wird es nicht mehr geben, wohl aber wird sich Russland am Wiederaufbau Europas nach den gegenwärtigen Krisen beteiligen. In den vergangenen Jahrhunderten lagen die Ziele Europas in der Sicherung von staatlicher Souveränität, Menschenrechten, Demokratie, Gewaltenteilung und sozialer Gerechtigkeit. Im 21. Jahrhundert haben sich Ziele und Aufgabenstellung gewandelt. Europa muss gegen äußere Bedrohungen ankämpfen: Ökologie, Terrorismus, Pandemien, Massenmigration, Welternährung und Asiens Vormachtstellung – das sind die Schlüsselthemen. Dafür braucht Europa völlig andere Allianzen und eine andere Politik.

Moderator: Ist die gegenseitige Bedrohung wirklich noch vorhanden, wie im Kalten Krieg, oder ist sie nur gefühlt und hängt mit den alten Reflexen zusammen?

Der Deutsche: Die Frage, inwieweit Russland Deutschland militärisch bedroht, spaltet unsere Politik und Gesellschaft. Eine fortschreitende Digitalisierung der Welt hätte normalerweise zu neuen, exzellenten Formen der

Zusammenarbeit in Wissenschaft, Technik, Wirtschaft zwischen Deutschen und Russen führen müssen. Stattdessen wird Deutschland von Russland im Cyberraum angegriffen. Die Krim-Annexion gibt Anlass zur Sorge, Russland könne im Falle eines Konfliktes im Baltikum ähnlich verfahren. Das Baltikum gehörte historisch immerhin länger zu Russland als die Krim. Russlands unverhohlener Wunsch, sein altes Imperium wiederaufzurichten, wird nicht nur in Deutschland als größte geostrategische Gefahr für die Sicherheit Europas betrachtet.

Wir sprechen auch von neuen Präzisionsvernichtungswaffen, die Russland auf Ziele in Deutschland gerichtet hat. Russland mischt sich mit seiner Propaganda in gesellschaftliche Konflikte in Deutschland ein. Das Ende der Meinungs- und Pressefreiheit, die Verfolgung Andersdenkender, Morde an Regierungskritikern in Russland – das alles wertet Deutschland als Angriff auf die europäische Demokratie, weil wir in einem gemeinsamen Europa des »Geistes der Pariser Charta« leben. Die Bedrohung ist leider real.

Der Russe: Deutschland betreibt eine Politik der Doppelstandards – und die ist eine Bedrohung für Russland. In Deutschland wird das politische System in Russland als etwas Illegales angesehen, weil es westlichen liberalen Normen nicht entspricht. Deutsche unterstützen die schärfsten Kritiker Putins. Dezent wird ein Regimewechsel in Russland gefördert. Die Deutschen selbst beschweren sich über russische Kontakte zur AfD. Die AfD ist aber Bestandteil deutscher Politik. Dass Deutschland sich zum größten Fürsprecher der Sanktionen gegen Russland aufgeschwungen hat, stellt eine große Belastung der Beziehungen dar. Dass Deutschland, 30 Jahre nach dem Kalten Krieg, immer noch amerikanische Atomwaffen auf seinem Territorium lagert und an atomaren Waffenübungen im Rahmen von NATO-Manövern teilnimmt, ist eine echte Bedrohung.

Stichpunkt Bedrohung Osteuropas: Es kann nicht sein, dass die Mittelosteuropäer ihren Opfermythos aus dem 20. Jahrhundert ständig pflegen und Deutschland verdächtigen, mit Russland über ihren Köpfen zu verhandeln. Große Länder leiden oft am Komplex des großen Bruders. Aber nicht minder schlimm ist der Komplex des kleinen Bruders. Deutschland spricht Russland eine Einflusszone ab. Ist die NATO- und EU-Erweiterung etwa keine Errichtung einer westlichen Einflusszone? Mit China und der Türkei betreibt Russland an seinen südlichen Grenzen eine Nachbarschaftspolitik. Der Westen will keine gemeinsame Nachbarschaftspolitik mit Russland – er versucht die ehemaligen Sowjetrepubliken aus dem Einflussbereich Russlands herauszuziehen, die ehemaligen Völker der Sowjetunion mit Geschichtsfälschung gegeneinander auszuspielen. Und wenn wir schon über Digitalisierung sprechen: An Propagandaschlachten gegen Russland im Internet nehmen die Deutschen an vorderster Front teil.

Der Versuch der totalen Zerstörung des russischen Images auf internationaler Bühne ist für Russland ebenfalls eine große Bedrohung. Kritik an den Zuständen in Russland ist für uns in Ordnung; Russland ist aber gezielten Angriffen der Propagandamaschinerie und Fälscherwerkstätten ausgesetzt, deren Ziel einzig und allein ist, Russland absichtlich zu diskreditieren und international zu schwächen. Die deutsche Bedrohung würde verschwinden, wenn Berlin sich nicht mehr zum Erfüllungsgehilfen der USA machen ließe.

Moderator: Würde sich etwas in den bilateralen Beziehungen ändern, wenn in Russland Nawalny den Präsidenten und in Deutschland die AfD den Kanzler stellen würde?

Der Deutsche: Russlands Überleben hängt doch nur vom Westen ab. Der Nachfolger Putins wird das verstehen müssen. Putin glaubt, Russland nach vergangenen Traditionen, Werten und Interessen ausrichten zu können. Er hat die alten Unterdrückungsinstrumente und Machtelemente der Sowjetunion installiert. Putin ist ein Leningrader Raufbold geblieben, er haut zu, um zu bekommen, was er will. Der Phantomschmerz über das verlorene Imperium ist ihm anzusehen. Er meint, der Westen habe den Russen das Imperium mit einer Intrige gestohlen. Er rächt sich, indem er ebenfalls Spielregeln bricht. Er hat den nostalgischen Teil der Bevölkerung in seinen Revanchismus mit hineingezogen. Durch die Rückführung der Krim hat er sich bei den Russen ein historisches Denkmal gesetzt. Als Nächstes folgt dann die Wiedervereinigung mit Belarus und danach die Besetzung der Arktis? Doch Millionen Russen stehen an Putins Seite. Die heranwachsende Generation junger Russen ist dennoch auf die universellen liberalen Werte fixiert, wird angezogen vom American Way of Life, von Hollywood statt Kriegsfilmen, von McDonald's statt Wodka und Pelmeni, von Jeans, von Soft Power – wie übrigens überall Jugendliche auf der Welt. Der nächste Präsident muss ihnen die rapide ansteigenden Konsumwünsche erfüllen, sonst rebellieren sie, denn sie haben nicht mehr die Furcht ihrer Eltern.

Die nächste Politikergeneration Russlands spricht hervorragend Englisch, ihre Vertreter haben im Westen studiert, manche besitzen westliche Staatsbürgerschaften, haben Besitz in Europa. Ihre Vernetzung mit dem Westen ist eine bessere als die der Vorgänger. Sie beanspruchen auch nicht, wie Putin, dass Russland immer mit »Sie« angeredet werden muss. Wenn diese Jungpolitiker an die Macht gelangen, wird Deutschland mit Russland schnell wieder ein Gespräch beginnen. Dass in Deutschland die AfD an die Macht kommt, ist höchst unwahrscheinlich und übrigens auch für Russland, wegen der Nazis, brandgefährlich.

Der Russe: Merkel hat einen Russlandkomplex mit sich getragen und immer erzählt, sie wäre so gern als Studentin nach Amerika gegangen, aber aufgrund des Eisernen Vorhangs habe sie mit dem Studium in Russland vorliebnehmen müssen. Merkel verglich Putin stets mit einem Stasi-Agenten, der ihrem Vater, einem Pfarrer, das Leben in der DDR zur Hölle gemacht hat. Putin und Merkel sind nie miteinander warm geworden. Im kommenden Weltenumbruch kann nichts ausgeschlossen werden, auch kein Rechtsruck. Traditionelle Werte sind keineswegs abgeschafft. Die Idee eines Europas der Vaterländer existiert. Mit einem Deutschland, das seine Außenpolitik nicht ausschließlich über liberale Werte definiert, kann Russland schnell zu einem Interessenausgleich gelangen.

Dass das liberale westliche Modell sich nicht mehr, wie nach dem Fall der Mauer, in der Offensive, sondern jetzt in der Defensive befindet, kann nicht geleugnet werden. Westeuropa mag sich als Bollwerk des Liberalismus und der Aufklärung verstehen, aber die USA und Osteuropa gehen den nationalistischen Weg – und treffen dort auf Russland. Nawalny wird niemals in Russland an die Macht zu kommen. Russland wird niemals Teil des Westens. Der nächste Präsident wird ein solch großes und bevölkerungsreiches Land, das ein Vielvölkerstaat ist und aus acht Zeitzonen besteht, kaum anders als Putin regieren können. Es gab genug Berater, die Putin nach seiner Machtübernahme dazu drängten, die Integration mit dem Westen fortzusetzen. Ein anderer Präsident hätte das vielleicht gemacht. Doch Putin war aus einem anderen Holz geschnitzt: Er wollte, ganz in der russischen Geschichtstradition, sein Land als eigenständiges Machtzentrum in der Welt verankern. Das war der entgegengesetzte Weg von dem, den Deutschland nach dem Krieg wählte. Trotzdem sollten die Vorschläge aus dem Munde eines russischen Präsidenten von den Deutschen immer ernst genommen werden. Sie dürfen keineswegs ignoriert oder ins Lächerliche gezogen werden, wie das teilweise geschieht. Ansonsten wird Deutschland Russland für immer verlieren.

Moderator: Abschließende Frage: Kann Deutschland es sich leisten, Russland zu verlieren?

Der Russe: In den US-Thinktanks entwickelt man Szenarien von einem begrenzten Atomkrieg gegen Russland und China. Das ist Wahnsinn. Ich erwarte ein Schockerlebnis für die ganze Welt, von vielfach größerer Bedeutung als 9/11. Wenn ein gemeinsames Feindbild entsteht – etwa ein direkt auf die Erde zurasender Asteroid – kommt es zum »Reset« in den Beziehungen zwischen Deutschland und Russland. In naher Zukunft wird bewiesen sein, dass viele der politischen Vorwürfe an Russland falsch waren. Russland hat sich nicht in US-Wahlen eingemischt, auch keine Morde an Oppositionellen angeordnet. Ich tippe darauf, dass der britische Geheimdienst als dunkler Verschwörungstheoretiker und Provokateur vieler Fake News entlarvt wird. Deutschland wird sich bei Russland für sein Fehlverhalten kaum entschuldigen, aber es wird mit Russland eine neue, konstruktivere Tagesordnung ansetzen.

Ich bin überzeugt, dass das Projekt Lissabon-Wladiwostok Realität wird. Warum? Wieder wegen der Rohstoffe. Das Rohstoffzeitalter ist längst nicht vorbei. Um seine klimaneutralen Ziele zu erreichen, benötigt die deutsche Industrie hochwertige Mineralien und seltene Erden. Letztere sind metallische Grundstoffe mit außergewöhnlichen Eigenschaften. Sie gelten als unentbehrlich etwa für die Hochtechnologieproduktion von Batterien, Mobiltelefonen, Lasern, Flachbildschirmen, sensibler Militärtechnik und Öko-Technik. Der Verbrauchermarkt wächst, denn ohne diese Rohstoffe können die Industrieländer ihre Wirtschaft nicht digitalisieren und automatisieren. Auch die Herstellung künstlicher Intelligenz erfordert Rohstoffimporte. Deutschland ist aufgrund seiner hohen Umweltauflagen ein zu teurer Produktionsstandort geworden. In Zukunft kann die Rohstoffveredelung in Russland erfolgen. Eine deutsche Beteiligung an russischen Rohstoffkonzernen wäre gut.

Von seinen Bodenschätzen her ist Russland das reichste Land der Erde – die bedeutendsten Rohstoffvorkommen liegen hinter dem Ural. Die Flächen des asiatischen Teils Russlands sind erst zu einem Zehntel geologisch erforscht. Vor allem unter dem Frostboden im Nordosten Sibiriens warten Bodenschätze unvorstellbaren Ausmaßes auf ihre Entdeckung. Nach dem Untergang des tatarisch-mongolischen Reiches vor 500 Jahren konnte sich das russische Zarenreich schnell und ungehindert 6000 Kilometer nach Osten bis zur Küste des Pazifischen Ozeans ausbreiten. Hätten die Zaren hier versagt, wäre Sibirien, eine der größten Schatzkammern der Welt, heute unter der Kontrolle einer islamischen Großmacht oder Chinas. Deutschland darf Russland nicht verlieren.

Der Deutsche: Ich verstehe die Frage nicht. In Wirklichkeit herrscht im Kreml eine Clique von Menschen, die in ihrer Arroganz glauben, es gehe in der Welt nur um Russland. Um dies zu untermauern, führen sie all die unseligen Kriege wie den in Syrien. Deutschland sagt sich: Dann eben nicht, es geht auch ohne Russland, es geht sogar besser ohne Russland. Bei den großen Jungs dürfen die Russen nicht mehr mitspielen. Weder China, die USA noch die EU nehmen Rücksicht auf Russlands Interessen. Letztendlich auch Deutschland nicht mehr. Das erträgt Moskau nicht und versucht irgendwie, die Aufmerksamkeit auf sich zu lenken. Und macht weitere, kostspielige Fehler, die es noch mehr isolieren. Deutschland und der Westen haben Russland aufgegeben. Solange Putin da ist, zeigen sie ihm die kalte Schulter. Die Zeit läuft gegen Russland; vor allem wirtschaftlich. Die Menschen ziehen weg. Mit jedem Tag wird Russland schwächer.

Was die Russen nicht begreifen: Uns Deutschen ist die Sache mit den liberalen Werten äußerst ernst. Wertepolitik ist heute deutsche Außenpolitik. Und unsere Freunde, Partner und Gegner müssen sich danach richten. Wertepolitik ist im Übrigen auch europäische Außenpolitik, solange Deutschland eine Führungsmacht in der EU bleibt. Jeglichen Versuchen von russischen Desinformationszentren, Troll-Fabriken oder gar deutschen »Experten«, die liberale Werteorientierung in Frage zu stellen, erteilt die Bundesregierung eine klare Absage. Immerhin hat sich Deutschland in Sachen Werte auch einem Trump widersetzt. Und das sollte schon etwas heißen.

—

Niemals hätte man sich in den kühnsten Träumen vorstellen können, dass Deutschland und Russland sich, kein Vierteljahrhundert nach dem Fall der Mauer, so entfremden würden. Warum wird Russland abgeschrieben? Das Land ist immer noch eine Großmacht, mit einer großartigen Kultur und Wissenschaft, und es gehört zum Kreis der zehn größten Ökonomien der Welt. Es steht für Zusammenarbeit in multilateralen Organisationen bereit, also für den Weltfrieden – auch wenn das in Deutschland bezweifelt wird. Und, Hand aufs Herz: Wäre Europa mit Russland nicht besser dran?

Keiner ist so naiv zu glauben, dass das morgen passiert. Die Perspektive eines gemeinsamen europäischen Hauses vom Atlantik bis zum Pazifik ist in weite Ferne gerückt. Mit einem neuen US-Präsidenten Biden, der seine Menschenrechtspolitik, wie einst sein Vorgänger und Demokrat Jimmy Carter, mit der europäischen Werte-orientierten Außenpolitik verknüpft, entsteht eine neue Front zwischen Westen und Russland. Das Verhältnis wird noch konfliktreicher, denn der Westen wird wieder vereint Regime Changes im Osten unterstützen.

Aus Kreisen der größten Russlandkritiker (Ralf Füchs und Marieluise Beck) wird Russlandverstehern vorgeworfen, sie seien Russland-freundlich nur wegen ihres Antiamerikanismus. Sie bezichtigen die Russlandfreunde des überhöhten Schuldgefühls gegenüber den Russen auf Kosten anderer leidender Völker. Sie kritisieren die naive Suche der Deutschen nach einer Seelenverwandtschaft mit den Russen, die in Wirklichkeit auf einer gemeinsamen Ablehnung der liberalen Moderne beruhen würde. Die Russlandversteher hätten überzogene Angst vor einem Krieg mit den Russen und ließen sich von der Gier nach russischen Bodenschätzen leiten.

Mit solchen Argumenten kann man 75 Jahre Schwerstarbeit in der Wiederherstellung guter Beziehungen ad absurdum führen.

Vielleicht ist weniger mehr. Seien wir ehrlich: Der deutsche Staat wird in den nächsten Jahren mehr Geld für den Dialog mit den USA, Frankreich und Polen als für Russland ausgeben. Auf der russischen Seite wird es nicht anders sein. Die Investition in die deutsch-russische Freundschaft wirft heute wenig Dividenden ab. Wir benötigen bahnbrechende Projekte in den Beziehungen, die mit Herzblut vorangetrieben werden. Wir müssen die zivilgesellschaftlichen Kontakte vergrößern. Die Verhandlungen über die gegenseitige Abschaffung von Visen stocken seit Jahren – wenigstens macht Russland jetzt einseitige Zugeständnisse. Der Kultur- und Wissenschaftsaustausch, auch die Wirtschaftsbeziehungen – das alles wird ohne Elan, mehr als Routine praktiziert. Es ist an der Zeit, in Osteuropa ähnliche Formen der historischen Aussöhnung und Verständigung einzuführen, wie nach dem Krieg in Westeuropa, wo diese Versöhnung bis hin zu einer Integration der Kriegsgegner gelang. Wo ein Wille ist, findet sich auch ein Weg.

Deutschland sollte in den kommenden Auseinandersetzungen um »Who lost Russia?« auf keinen Fall an erster Stelle auftauchen. Damit würde Deutschland sein historisches Erbe verraten.

Da Russland seiner inneren Wesensart nach der europäischen Welt fremd ist, da es zudem allzu stark und mächtig ist, um den Platz eines der Mitglieder der europäischen Familie einzunehmen, um eine von den europäischen Großmächten zu sein, vermag es nicht anders, als eine seiner und des Slawentums würdige Stellung in der Geschichte einzunehmen, indem es zum Haupte eines besonderen, selbständigen politischen Staatensystems wird und Europa in seiner ganzen Gemeinschaft und Ganzheit zum Gegengewicht dient.

(Nikolai Danilewski, 1871)

»Spannend zu lesen und auf jeder Seite kenntnisreich.« Epoch Times

Alexander Rahr
2054 – Putin decodiert
Politthriller

400 Seiten, geb.
24,00 €
ISBN 978-3-360-01341-5

E-Book 16,99 €
ISBN 978-3-360-50153-0

Wladimir Putins Machtfülle nötigt den einen Bewunderung ab, bei anderen weckt sie Misstrauen und Angst. Was macht den Präsidenten so erfolgreich? Weiß er Dinge, die anderen Regierungschefs verborgen bleiben? Aus dieser Frage entspinnt Russland-Insider Alexander Rahr seinen Plot rund um Politiker und Geheimdienste, die Prophezeiungen des Nostradamus und drei Generationen Exilrussen, die einem Flugzeug aus der Zukunft hinterherjagen. Vieles, was Rahr in den Hinterzimmern der Macht erfahren hat, muss er offiziell für sich behalten. Doch in diesem Verwirrspiel kann er manches Geheimnis preisgeben …

Ein welthistorischer Augenblick

Alexander Rahr,
Wladimir Sergijenko (Hrsg.)
Der 8. Mai
Geschichte eines Tages

224 Seiten, geb.
mit Lesebändchen
und zahlr. Abbildungen
22,00 €
ISBN 978-3-360-01358-3

E-Book 16,99 €
ISBN 978-3-360-50139-4

Diese vielstimmige Erzählung über einen großen Tag verarbeitet authentische Aussagen von Beteiligten aus allen Schichten und Weltgegenden. Auf »höchster« Ebene – was machen Stalin, Churchill, Truman? Was Keitel, Schukow, Eisenhower? Und sie führt zu vielen anderen, etwa zu der jungen Berlinerin, der ein sowjetischer Offizier einen Stoffballen auf den Tisch wirft, auf dass sie über Nacht eine amerikanische Flagge zur Siegesfeier näht. Auch zu der Rotarmistin, der ein Vorgesetzter ein Kästchen mit Hitlers Gebiss übergibt, das sie zur medizinischen Begutachtung bringen soll, um den Tod des Führers zu beweisen ...

klimaneutral
und sozial engagiert
natureOffice.com | 22M-BSC-639526

Das Neue Berlin –
eine Marke der Eulenspiegel Verlagsgruppe Buchverlage

ISBN 978-3-360-01376-7

1. Auflage 2021

Umschlaggestaltung: Buchgut, Berlin, unter Verwendung einer Illustration von © adobe.stock/Oleksandr
Druck und Bindung: buchdruckerei.de, Berlin

www.eulenspiegel.com